経営にもダムのゆとり

水库式经营

［日］松下幸之助 —— 著

艾薇 —— 译

人民东方出版传媒
People's Oriental Publishing & Media
東方出版社
The Oriental Press

图书在版编目（CIP）数据

水库式经营 /（日）松下幸之助著；艾薇译 .
北京：东方出版社，2025. 5. -- ISBN 978-7-5207-4077-7

Ⅰ. F715

中国国家版本馆 CIP 数据核字第 2024K4W757 号

本书中文简体字版权由汉和国际（香港）有限公司代理
中文简体字版专有权属东方出版社
著作权合同登记号 图字 01-2024-1467

水库式经营
（SHUIKU SHI JINGYING）

作　　者：〔日〕松下幸之助
译　　者：艾　薇
责任编辑：钱慧春
责任校对：孟昭勤
封面设计：李　一
出　　版：东方出版社
发　　行：人民东方出版传媒有限公司
地　　址：北京市东城区朝阳门内大街 166 号
邮　　编：100010
印　　刷：鸿博昊天科技有限公司
版　　次：2025 年 5 月第 1 版
印　　次：2025 年 5 月第 1 次印刷
开　　本：787 毫米 × 1092 毫米　1/32
印　　张：9.625
字　　数：136 千字
书　　号：ISBN 978-7-5207-4077-7
定　　价：56.00 元
发行电话：（010）85924663　85924644　85924641

[日] 松下幸之助

松下电器创始人。

1894 年，出生于日本和歌山县。9 岁时，独自到大阪当学徒。23 岁开始创业，一路带领企业成长为全球性集团。1932 年，产生了自己的哲学——松下哲学。1946 年，创办 PHP 研究所。1987 年，应中国政府之邀在华建成合资工厂。1989 年去世，享年 94 岁。2018 年，荣获中国政府颁发的中国改革友谊奖章，被誉为"国际知名企业参与我国改革开放的先行者"。

代表作有《道：松下幸之助的人生哲学》《天心：松下幸之助的哲学》《道路无限》《开拓人生》。

松下幸之助生平年表

1894 年　11 月 27 日，出生于和歌山县海草郡和佐村

1904 年　小学中途退学，只身前往大阪做学徒

1910 年　作为内线员实习生入职大阪电灯公司

1915 年　与井植梅野结婚

1917 年　从大阪电灯公司辞职，尝试独立创业

1918 年　创办松下电气器具制作所

1923 年　设计发售炮弹形电池式自行车灯

1927 年　发售贴有"National"商标的角型灯

1932 年　举办第一届创业纪念仪式，将这一年定为知命元年

1933 年　实施事业部制，确定松下电器应遵循的"五大精神"

1935 年　对松下电气器具制作所进行股份制改革，成立松下电器产业株式
　　　　 会社

1940 年　召开第一次经营方针发表会

1946 年　被指定为财阀家族，受到七项限制；创办 PHP 研究所，开始 PHP
　　　　 研究

1949 年　被报道为"税金滞纳大户"

1952 年　与荷兰飞利浦公司达成技术合作意向

1955 年　收入排名日本第一

1961 年　辞去松下电器社长一职，就任会长

1964 年　召开热海会谈

1972 年　出版《思考人类》，倡导"新人类观"

1973 年　辞去会长一职，就任顾问

1977 年　出版《我的梦，日本梦　21 世纪的日本》，描绘了日本的未来图景

1979 年　创办松下政经塾，就任理事长兼塾长

1983 年　创立"思考世界的京都座谈会"，出任会长

1987 年　获得勋一等旭日桐花大绶章

1989 年　4 月 27 日去世，享年 94 岁

目 录

第一章

经营者的责任感

·人在三十岁之后体力开始走下坡路，四十岁之后智力开始衰退。尽管如此，很多人到了一定年龄后仍然可以维持住地位，从事高强度、更高职位的工作，原因就是有年轻人的全面协助和综合支援。

·跟老师上三年游泳课就一定会游泳吗？答案未必是肯定的。只有泡在水里、呛上几口水才能真正领悟游泳的奥义。

·民主主义既不花钱也不花时间。如果民主耗时耗财，美国就不会取得今天的发展。

·热心的资深零售商拥有高超的销售判断力。如果不确定产品能否卖出去，去零售店一问便知。

我是松下幸之助，请大家多关照。今天，日本青年会议所的各位成员在此举办研讨会，承蒙主办方的邀请，我得以出席此次会议，感到十分荣幸。

青年会议所的各位成员都年轻有为。听说，超过四十岁的会员就不再有正式会籍了，可见，各位都是来自各行各业的青年翘楚，非常优秀。

虽然在各位看来我已经是一位耄耋老人，但其实在朋友当中，我还算得上是中坚力量，因为比我年长的占一半左右，比我年轻的还有一半左右，因此我还没有"落伍"的感觉。

不可否认，当下的老年人当中，有相当一部分人不断更新知识，保持着与时俱进。然而，年龄是不可跨越的鸿沟，虽说经验会随着年纪的增长不断增加，但是人的体力会逐渐走下坡路，智力也会衰退。这是无法改变的事实。

体力和智力何时达到巅峰

　　说起体力，前几天，我看了一场电视上转播的游泳比赛，美国游泳队平均年龄只有十八岁，队员个个青春洋溢，实力强劲。一直以来，日本游泳队都保持国际领先水平，但这次电视台和其他媒体都对美国队取得的优异成绩进行了大篇幅报道。对于游泳项目来说，普遍认为十七八岁的年纪是一个人体力最旺盛的时候。但是，就一般情况来说，我认为人的体力在三十岁左右达到巅峰状态。

　　那么，智力又如何呢？我认为人类智力的巅峰并不是三十岁，如果一定要说出一个具体数字，我认为人类智力的峰值是在四十岁左右。体力的巅峰是三十岁，智力的巅峰是四十岁，巅峰过后，人的体力和智力都会逐渐下降，这就是人类的正常状态。可能有例外的情况，但总体是这样一个规律。

　　一般来说，人在过了四十岁，其智力逐渐衰

退，但很多人仍然可以从事原来的甚至更高职位的工作。这就是社会结构的现状。作为前辈，年龄会相对较大，可以获得更多支持和尊敬，更容易被提拔到更高职位，处理更高强度的工作。

实际上，不少人到了五六十岁还在从事高强度的脑力工作，并且取得了不俗的成绩。这离不开年轻人的全面协助。如果单纯从智力来衡量，我依然认为六十岁的智商无法与四十岁的相比。

在我看来，这也是这个世界非常有趣的地方。相扑和游泳等运动，只是个人综合实力的较量，但是在个人综合实力较量不是至关重要的情况下，比如在社会的发展或者公司的经营上就并非如此。这就是经营的奥妙，也是我们必须清楚认识的一点。这种说法可能有人赞成，也有人反对，这只是我个人的解读。

了解自己的实力，聘用有经验的员工

在公司遭遇危机需要克服重重困难、全心全意投入的情况下，经营者还是要在年青一代中寻找勇挑大梁的人才。即使上了年纪的员工不得已而临危受命，在实际开展工作时也要借助年轻人的智慧。在我看来，真正需要实力的工作必须由年轻人来完成，年轻人交出的答卷一般都会令人满意。

这样的觉悟或者说责任感，不知道年轻的你们如何理解。如果年轻人认为自己确实年轻力壮，力所能及的，自然会虚心学习、努力钻研。这种态度至关重要。但是，在实际中人们也要对自我的能力有充分的认识。员工能力足够出众很重要，因为企业的发展离不开经验丰富的员工。换句话说，社长是否知人善用，企业有无资深员工，直接决定了公司的发展程度。这也是左右企业经营的关键所在。

很多公司即便社长上了年纪，企业经营依然顺风顺水。当今社会，很多日本大型企业的社长年纪都在五十岁，甚至六十岁以上。社长知人善用，四十岁或者说四十五岁以上的资深管理人员就高度认可企业，全心全意促进企业发展，取得的工作成果也更加显著。我们一定要充分认识这一点。

反之，年青一代就无法大展拳脚，工作态度唯唯诺诺。这会埋没员工的才华，对企业来说也是一种损失。经营者也不能过度干预员工的工作。凡事总是指指点点、评头论足，这种做法不仅有失礼仪，还会让员工反感，被当成"狂妄自大的老板"，员工原本采纳的意见或者做法也会被舍弃，最后弄巧成拙。实施方式至关重要，经营者要学会顺其道而行之。公司也好，经营者也好，只有借助员工的力量才能顺利发展下去。

今天我想和大家再次强调这一点的重要性。企业的发展状况取决于经营者觉悟的高低，也许很多人已经认识到了这一点，但是明确树立这种观念的经营者还是少之又少。

全力以赴

　　四十岁的中坚干部和经营者们，不知道大家是否有这样的想法：现在的自己顺风顺水，实力突出，无论是为了自己还是为了别人，都必须全力以赴。我想这样的人可能并不多。

　　日本有论资排辈的传统，很多人即使认为自己很有实力，关键时刻还是会谦虚退让。很多情况下，经营者可能只能发挥百分之五十或百分之七十的实力。在全球贸易自由化、汇率自由化的背景之下，各种难题纷繁复杂，我们必须改变这种情况。

　　无论政府还是国民，凡事都要全力以赴。调动各方力量的关键在于让有实力的人了解自己的实力并且主动发挥全部力量。

　　包括在座的各位，当今日本的青年一代都非常优秀，大家一定要清楚地意识到这一点，充分发挥实力，做出科学的判断，推动事业发展。这对经营者至关重要。

中坚干部或高级干部如果有意向更高级别的领导表达想法，在公司的方针制定中融入自己的观点，其实是有秘诀的。和商人推销产品一样，怎样才能打动对方呢？各位每天都在做这件事，如果对顾客只说一句"这个产品很好，快来买吧"，对方会买吗？也许有人听了宣传会掏钱，但更多情况下，对方会认为：这家伙也太傲慢了吧，东西也没什么新意，别家肯定也有，还是到别的地方买吧。其实，道理是完全相通的。

顾客买与不买，关键在于商人如何推销。当然这是生意话，回到刚才的话题，表达的关键就在于大胆去说，真情实意地表达。

遗憾的是，在日本，意识到这两点并用于营销的企业寥寥无几。

有才华的员工

为什么这么说呢？其实我有过实际体验。一家公司的业绩不佳，负责人五十岁左右，经验相当丰富，但是业绩就是不尽如人意。一个偶然的机会，公司空降了一位四十岁左右的青年管理者，不仅带来了全新的知识，也点燃了员工的热情，结果公司的发展越来越好。这是我真实经历过的案例。

换句话说，员工是否"在其位，谋其政"，完全可以左右公司或部门的发展。这就是实力的差距。年轻人中不乏有实力、有经验的人士，而上了年纪的管理者也并不一定实力超群。这一点十分有趣。

管理要职，对员工工作经验的要求是必不可少的，刚进公司三四个月的愣头小子当然无法胜任这种工作。但是，十年或者二十年之后，对于四十多岁的员工来说，如果他具有出众的经营能力、觉悟和优秀的经营理念，完全可以胜任管理者的工作，而且四十多岁的员工体力更好，取得的成就甚至可以超越前任。

然而，在日本，这样的情况鲜有发生。各行各业，或者更广泛意义上的各个领域都存在保守倾向，实力因素只能居于第三、第四顺位。无论是对国家的繁荣，还是对个人成长和经济促进，这种保守倾向都会造成巨大损失。

那美国在这方面如何呢？在我看来，其实美国也存在这种倾向，但是和日本相比，优秀的人才在美国更容易脱颖而出。与日本相比，美国年轻人更容易被提拔，担任重要的职务。虽然国家不同，但是人们内心活动大同小异。美国职场人士惺惺相惜，即使同事被选中，自己也不会心有波澜，即使内心有其他想法，也不会像日本这样互相倾轧。将这和美国的繁荣联系在一起，也许我们就能理解发展的差异了。

十年后、二十年后，在场的各位都会站在经营者立场上思考问题。无论到时各位是社长还是会长，希望大家多多关注四十多岁员工的优秀之处。如果将优秀员工和经营者的位置互换，也许公司会有更加长远的发展，也有可能受社会形势、人心所向等错综复杂的因素影响，公司的发展举步维艰。就我而言，如果互换更加有力，我会将社长的位置拱手相让。

优秀的人才被冷落，公司将止步不前

在日本，这种互换将引起舆论热议，所以往往经营者有意改变也难以成行，舆论还是更加倾向于六十岁的资深人士当社长。综合来看，这样的经营者业绩更加优秀，但是希望经营者们可以注意到更有实力的中年人才，决策的时候可以虚心请教："出了这样的问题，如果是你会怎么办？想到什么就说什么。""让我说的话，我会这么做。""原来如此，的确应该这么做。"经营者要倾听优秀人才的声音。

无论员工多么优秀，其他员工也不会信服他的意见，但是社长一句"不错的点子"，员工的态度就会陡然改变。这既是日本的优点，也是缺点，很难改变。没有这样的肯定，岂不是白白浪费了优秀的创意，公司也难以向前发展。

这是我个人的实际经历，有时我也很难理解。

不过，人之为人，这样的人性难以改变。经营者面对这种情况，要主动询问对方"你的意见如何，如果是你会怎么办？"对方自然会主动回答"如果是我的话就这么做"。仔细倾听对方的想法，也许很快你会被说服，认为"确实这么做更好，那就试试看吧"。

当然，有人会觉得他这样说，我偏要那样做。这种时候，我们需要深思熟虑，如果发现方案不错，可以在员工面前表态："这个方案很好，大家怎么看？"员工们一定会回答："社长，那就听您的。"一切问题都迎刃而解。

随着年龄的增长、阅历的丰富，有的社长的判断能力会提高，但更多的社长的判断水平是降低的。从四十岁开始，人的智力水平逐渐下降，三十岁后体力开始衰退，除了少数情况外，大部分人要经历这样的过程，这也是经营者必须认识到的问题。

在场的各位还不到六十岁，这个道理还不适用于大家。时间飞逝，很快四十岁的中年人就会迎来六十岁，职位也会不断提升。这种变化是喜悦，意味着肩上的重任不断增加，也是烦恼和负担。相信各位终有一日会面临这样的问题。那个时候如果能想起这番话，对大家解决问题会有所帮助。很幸运我是大家眼中的成功者，这就是我事业成功的秘诀之一，我们要学会借助他人的智慧，推动企业发展。

责任在于自己一人

经营者的见解各有不同，但是共通的一点是，公司第一责任人必须承担起全部责任。员工人数是一百也好，二百也罢，是一千人也好，两千人也罢，经营者必须肩负全部责任。欲戴王冠，必承其重，这是亘古不变的道理。

古代有一句形容武将的俗语，叫作"一将功成万骨枯"。将军为了打一次胜仗，在战场上可能要牺牲数以万计的士兵。虽然这是事实，但是武将最真实的想法是什么呢？战争百害而无一利，将军真实的想法可能是：请给士兵们一条活路吧，我愿意以死谢罪。

拯救苍生性命，自己甘愿赴死，这是日本将军、先祖甚至是日本传统的生死观。现在也是如此，为了企业，为了员工，哪位经营者会拒绝牺牲自己呢？

经营者要有这样的觉悟，并时刻做好准备。无论公司大小，具备这种觉悟的经营者值得钦佩。拥有这样高尚想法的经营者会带领企业遇山劈山，遇水搭桥，所向披靡。

社长如此，其实课长何尝不是如此呢？社长为了公司而牺牲，从宏观的角度来说，这种牺牲不只是为了企业，更是为了国家。

课长的牺牲则是为了部下，为了企业发展。虽然无法以偏概全，但是总体来看，有这种充满责任感的课长，公司发展几乎会很顺利。

打造正确的经营理念

　　谈到经营，大家想法各异。随着社会发展，经营者如何招呼顾客，引进何种设备等，都成了研究对象。今天各位齐聚一堂，共同召开研讨会，其实也是为了探索更合理的经营方式，与发展趋势契合。也许有的观点起初站不住脚，但是通过大家的讨论，最后就会变成合理的理论。当然，观点无论如何正确，如果没有实践赋予其灵魂，也是纸上谈兵。

　　经营者要做好随时为了国家、公司、部下牺牲自己的觉悟，但这样还远远不够。人活于世，行于社会，必须考虑人间正道，树立正确的社会观和人生观。没有正确的观念，为国家、公司、部下的牺牲可能毫无意义。

　　正确的经营理念是企业经营的立足之本。一千个读者就有一千个哈姆雷特，每个经营者的经营理念都不相同。即使方向相同，行进方式也有区别，社会观、义利观也不相同。没有正确经营观的企业必将走上歧路。这是我经常告诫自己的，希望与各位分享。

贯彻执行到何种程度

引发我思考的契机是三十五年前的一件小事。我有一位客户，所处行业不同，他的事业相当成功。第一次世界大战结束后，民众出现恐慌，行业萧条，事业一蹶不振，他欠了银行很多贷款，只得清算公司，被追究了责任。当时是自主经营的时代，经营者必须变卖财产以偿还银行债务。他是怎么做的呢？这位客户拿出了全部资产还债，甚至变卖了夫人的戒指。"这是我的全部财产，企业就是我的家"，他的财产就这样被全部没收。

一般情况下，企业经营不善进行清算时，很多人都会隐匿一些财产。比如自己有十万日元，一般只会拿出八万日元，悄悄留下两万日元，这种情况今天依然存在。但是这位客户毫无保留，主动拿出全部财产偿还债务，银行很吃惊："不用这样，夫人的东西不需要拿出来，这些请带回去吧。"听说最后只有夫人的戒指保留了下来。

过了几年，这位客户成功翻身，事业取得了成功。知道这件事之后，我感触良多。

我不禁反躬自问，如果自己陷入那种境地，是否能做到这种令人钦佩的地步。我感觉大概率做不到的，达不到这位经营者的程度。

想到这儿，我更加尊重这位经营者。他是了不起的男人，我也要努力朝着这个方向努力。这位经营者的事迹深深感染了我，如何承担债务责任，是经营者人生观、责任感和社会观的体现。

下水才能学会游泳

上面这件事为我指明了经营方向。这既是七尺男儿的责任感，也是经营者应当履行的责任，只有在工作中贯彻始终，才能出色经营企业。

没有这种经营理念，无论将经营原理研究得如何透彻，对经营思考如何深入，最终也无法自圆其说。通过研讨会的形式开展交流，积极改善经营是好事，通过各位经营者的传播，企业发展很快会有起色。

有一点需要我们注意，大家可以想一想，是不是上了三年游泳理论课就会游泳呢？我觉得不会，甚至下水之后很快就会沉底。在我看来，想学会游泳就得下水，不呛上几口水怎么能学会游泳呢？没有实际训练，再多的理论也是徒然。游泳是与水的搏斗，只有下水才能学会游泳，从没听说过谁上了几年理论课就成为游泳名将的。

研究、课程和实际工作的平衡非常重要。如果不能全力以赴，学习再多理论也是无济于事的。如果不想全身心投入工作，就没有必要参加研讨会。这么说可能有些夸张，希望大家可以重新审视问题的重要性。

不同数量等级

下面我想换个话题，谈谈美国之行的感受。美国有一家叫西尔斯·罗巴克的公司，是一家百货公司，兼营邮寄销售业务。我拜访了贝克社长，和他共进晚餐，了解了西尔斯公司的运营情况、销售额和利润等。这家公司高度重视员工关怀，这是它的优秀之处。我们还聊到了美国的利润分配制度。

美国企业虽然工资高，但是员工的退休补贴、奖金很少，利润分配更少。但是西尔斯·罗巴克很早就开始给员工分红。这是一种很有特色的经营方式。

我向贝克社长询问："请问贵公司的年收入大约是多少？"对方回答去年一年的收入为一万两千六百亿日元，收入相当高。在这里我们稍微比较一下，日本最大的百货商场年收入是多少呢？当然堤先生①今天也来到了现场，这么说堤先生可别生气。听说日本百货商店去年最高收益是不到七百亿日元。七百亿日元和一万两千六百亿日元，这两个数字都不是一个数量级别。

我又问对方："请问利润增加了多少呢？"对方回答："和贵公司的销售额差不多。"贝克社长居然知道松下集团的销售额，这让我很惊讶。当然，数字在《财富》杂志上都有报道，查了马上就会知道。松下的销售额为五亿美元左右，想想看，一万两千六百亿日元的收入居然赢利一千八百亿日元，利润率超过百分之十，非常可观。利润这么高，说明价格还有很大的调整空间，不过这并没有影响公司的盈利。听了这个数字，我突然有些羡慕，感觉自己像个穷光蛋，两家公司的差距大到完全追赶不上。

后来我受邀访问了一家船运公司。据亚瑟会长介绍，该公司是世界上最大的船运公司。我有幸被

---

① 堤清二，时任西武百货商店社长。

邀请和会长在私人游艇上共同聊天用餐，一共待了五个小时左右。出于商人的本性，我很快询问会长："请问这艘游艇多少钱呀？"我实在不适合聊艺术的话题。对方回答说："大概两亿日元。"

这艘两亿日元，重达一百五十吨的游艇相当气派，船上共有三间卧室、一个谈话室、一个餐厅，甚至还有展望台，我觉得游艇远比酒店豪华。对方特意派了两位日本员工陪同，据他们介绍，亚瑟会长打给肯尼迪总统，总统就会立马飞过来。当然这种说法有些夸张，我问对方："请问贵公司有多少股东呢？"会长回答说："除了我，还有两个股东。"也就说明这位会长几乎控制了整个公司，这就是美国的缩影。

亚瑟会长带着戏谑的语气说："我现在有九十亿美元的银行存款。"九十亿美元约等于三万亿日元，这让我十分惊讶。

据说，美国对船运公司固定航线会发放补助。日本的船运公司运营很艰难，美国的情况也不是很乐观。会长一脸骄傲地说："我们才不会要政府的补助呢。"确实，公司这么有钱，根本不需要补助吧。

我不太懂英语，为了准确，我向翻译确认了两次："确定是九十亿美元存款吗？这也太多了，能再帮忙问一次吗？"亚瑟会长坦然一笑："没有错，我就是这么说的。"我暂时相信了这个数字，但是究竟是真是假，现在我依然将信将疑。以上就是我对美国财富的亲身感悟。

对民主主义的错觉

今年五月，时隔十年，我再访美国。故地重游，我深深感受到美国的民主既不花钱，也不浪费时间。

我也向日本政府表达了自己的诉求。不知道这是不是现在日本人的普遍印象，无论是政府还是国民，尽管大家都认可民主主义的优越性，也想推进民主主义，但是都觉得民主主义有一个缺点，就是耗时、费力，还花钱。

美国的民主主义不花钱也不浪费时间，而且成就了今日美国的成功。如果民主需要钱和时间，美国并不会取得今天的成绩。只有尊严、人权、自由的民主主义不会成就今天的美国。

理解这一点很重要，通过这次访问我再次确认，民主主义不需要钱和时间，是不花钱也不花时间的政治模式，美国的发展就是最好的力证。我们必须从根本上改变日本对民主主义耗时、花钱的刻板印象。

　　在座的各位都是经营者，所以我更想将这一点解释清楚。 我不敢说松下集团奉行的民主主义不需要投入时间和金钱，因为只有国家实现了民主主义，企业经营才能完全民主。如果政府认为这一过程需要投入时间和金钱，大家也会产生错觉，继而认同这种观点。

权利与义务是车之两轮

美国政府高度重视责任。产品中如果出现了次品，政府会彻底追究责任。产品品质一直是企业发展的第一要务。如果商品中混杂了次品，企业必须召回、更换，双方都会蒙受损失。召回期间，消费者无法使用产品，对生活产生影响，企业一般不会说出"更换"之类的话，因为这是企业的损失，更会影响企业的信誉。

美国企业努力保证产品质量，这是高度责任感的体现。美国的追责制度十分严格，一旦出了问题，客户马上就会来索赔，企业高度重视品控环节，以免被追究责任。这是一举两得的明智选择。

修筑道路也是如此，企业承诺可以维持三年就必须保证三年内不出现任何问题。一年内如果出现问题，施工方必须全部返工，所以道路修筑后的三年内一般都不会出现问题。

在日本，如果道路施工一年后出现了问题，施工方只会说："那就绕路走呗。"这是对市民利益的损害，在美国绝不会出现这种情况。

类似的例子还有很多。政府要明确责任归属，享受权利的同时就要履行义务，权利和义务就像车的两个轮胎，经济中蕴含的生产性、经济性经过日积月累，最终汇聚成巨额财富，打造了今天辉煌的美国。这就是我感受到的美国优越之处。

为何引入事业部制度

　　提问者：我很佩服松下电器的事业部制度，作为中小企业，我们也想效仿，能否请您介绍一下这种制度的优点和缺点呢？

　　松下：事业部制度其实我很早就开始做了，最近社会上也有不少人研究这种制度，越来越多的公司也开始引入事业部制度，有人也问过我类似的问题，其实任何事物都有优点和缺点。

　　为什么我要建立事业部制度呢？因为公司业务的种类不断增加。种类增多，一个人就需要负责两部分，甚至是三部分业务。规模小的时候，我一个人管理就足够了。随着新业务越来越多，单凭我一个人难以兼顾整个企业。而且管理工作要一个一个来，很多情况下我不得不告知对方"请稍等一下，我在想别的事情"，出于经营者的责任感，我决定不能再这样下去。

很快，公司的业务又增加了。最开始，我们就是一家生产电线配件的小工厂，随着时代发展，公司开始研发电热器。如果是电线配件的问题，我亲自做过，对原理十分了解，所以不管员工提出什么问题，我都会马上告诉对方："这个要这么做，那个要那么做。"

但是电热器并不是我的特长，只是随着时代推移，为了满足顾客需求，公司顺应形势研发的一种产品而已。电热器的生产需要技术，还需要开展研发工作，我自己一个人很难胜任，而且研发工作也很烦琐，于是我准备找个人来负责电热器工作。

对于候补人选，我进行了一番思考。如果让我接手这项工作，我当然希望让我负责全部内容，但这不符合当时的主流趋势。当时各家企业一般是负责哪项工作就做哪项工作，但是我的私心不允许我这样做。

"我想建立电热器部，辛苦你来负责这项工作。能请你负责制造、销售等全部工作吗？只有大事才需要和我商量，我需要继续管理电线配件等电热器以外的各项工作，根本忙不过来。但是客户有要求，时代也需要，我们公司必须生产电热器，我一个人做不到，能辛苦你来负责吗？"一句"你来负责吧"，这个人就接管了电热器部门的全部工作。

最高负责人必须承担全部工作。无论多么琐碎的事情，全部由最高负责人来管理，这就是松下电器事业部的雏形。幸好这位候选人接受了我的邀请，他回答道："好的，那么一切工作交给我吧。"在负责人的领导下，从产品样态到生产工艺，再到技术人员招募、工厂建设、产品销售等，所有工作在最高负责人的带领下井井有条。最高负责人就好比电热器部门的社长。

那么资金该怎么管理呢？这种情况就需要我来决断，最高负责人会向我介绍："我们计划这样，通过这种形式来完成。""很好，就这样做吧。""但是需要这些资金呀。""需要的资金有点多，一半可以吗？""可以的，我们试试。"只有资金问题由我来决定。

所有工作都由最高负责人来处理，这就是事业部制度，此后松下电热器事业部正式宣告成立。随着时间推移，公司的部门越来越多，三十多年前开始的事业部制度逐渐发展起来。名义上是"事业部"，实际上就是完全独立的公司。

当然，最高负责人管理全部工作，如果负责人十分优秀，业务就会顺利开展；如果负责人不合适，部门业绩就会一落千丈。这也是人之常情，没有办法。

觉得一名员工适合，他也欣然接受任命，事业发展自然很顺利。在实际工作中，员工无法胜任工作，从而影响业绩的情况也很多，可见如何发现员工的长处，是事业部制度发展的重点。

通过事业部制度培育经营者

关于事业部制度的缺点，其实我并没有什么头绪。因为事业部由负责人扛起大旗。这也是团队成员协作的最佳模式。

一定要找出缺点的话，那就是如果负责人的步伐太快，部门就会出现问题。有的负责人认为"既然交给我了，一切都听我的""花多少钱都没关系"。制度的实施就会受到影响。

前面提到过，部门的重要方针还是由我来判断，成立新部门这种大事就需要我来决定。这是企业的发展问题，必须由企业经营者来决策。

即使严守既定方针，如果负责人只做表面工作，偏离原有方向，部门也会出现问题。当然，只要经营者严谨把关，这些缺点完全可以避免，事业也会沿着设想的方向顺利发展。保持正确的方向，事业部制度的优点显而易见，目前为止还没有发现什么缺点，可以说，优势远远超过劣势。

随着企业逐渐壮大，每个事业部都需要几亿日元的资金，有些事业部甚至需要更多，对每个部门的投入一定要有所控制。既然独立公司的资本金有固定限额，事业部也必须如此，那么一旦经营超出资本金，这个部门就是负债状态。

事业发展需要银行融资，事业部的发展当然也需要借贷，只不过借款的对象不是银行，而是总部。总部会发放贷款，还要像银行一样收取利息，这样事业部就变成了完全独立的经营个体。

松下集团现在有三十多个事业部，事业部制度根深蒂固，事业部部长就是部门的经营者，统管人事任命和产品开发等各项业务。规模大的事业部甚至有三五千名员工，事业部部长就相当于公司社长。

事业部不得不为解决发展资金犯愁，也要承担起销售和选人的重任，还要偿还贷款利息，努力做出成果。可以说，部长的责任重大。建立事业部制度的契机是我无法兼顾公司的所有业务。经过运行，事业部制度一直延续至今。

实施事业部制度主要有两个目的。一是通过组建事业部来明确成果，实现责任化经营。各个部门自主讨论决策，我不会把这个部门的营收和利润拱手送给其他部门，各个部门自负盈亏。

二是通过事业部制度，优秀的经营者可以逐渐脱颖而出。这是经营者比试的真正擂台，如果没有经营者，部门也能照常运行，这就说明经营者存在问题。一旦没有经营才华的人担任社长，企业终究会倒闭。

幸运的是，松下集团很早就开始了这一制度，把各位部长当成经营者来培养。虽然不是所有人都可以成功，但是社长的人选几乎都来自各个事业部，这是松下集团快速发展的推动力。

发展事业并不难

提问者： 十年前，电视机问世，当时您能预测出这款产品的未来走向和销量吗？我们只是普通人，最多只能猜到两三年后的事情，松下先生，您料事如神，是我们的偶像。回顾过去，您如何看待取得的成绩和企业的快速发展呢？

松下： 您的提问很有意思。在事业发展的过程中，预测未来十分重要。假设我有一家甜品店，作为店主，我必须思考五年后的消费需求。

比如现在一种点心一个月只能卖一百万日元，但是五年后随着老顾客的增加，这款产品可能非常畅销。虽然现在只卖一百万日元，五年后的销售额可能有五百万日元，经营者可以这样预测销量，逐渐增加人手，以满足经营需求。

有想法是好的，制定计划是必要的，但是实际情况是未知的。未来虽然不明了，但是我们能因此放弃预测未来吗？当然不行，我们要以既往工作量为基准谋划经营，每一天都进行一种全新的探索。

所以，事业发展并不难。听说盲人平时很少摔倒，也不会受伤，反倒是正常人跌跌撞撞，更容易摔倒。为什么会这样呢？盲人因为看不到而不知道前方有什么，所以比正常人更加关注脚下。虽然看不见，但是可以用盲杖敲着地面一步一步前行，每次确认两尺左右的距离后再往前走，这样就不会受伤，其实经营者也应该如此。

经营者对未来虽然有大概的估量，但是具体情况完全是未知的。经营者要像盲人一样，利用"盲杖"探路，一步一步向前，这并不难，其实经营的道理都蕴含在平凡生活之中。

有的时候，我们可能会担心新产品是否畅销，公司内部可能会激烈争论到底要不要上市一款产品。讨论当然没有问题，但是最好的判断方法其实是交给零售商来判断。"老板，这次要上市这款产品，麻烦您看看能卖出去吗？"老板拿起来端详片刻，马上回答道："这个卖不出去。"

资深的热心零售商就像"销售之神"，总能轻松判断出产品是否卖得出去。这是公司的技术人员可望而不可即的能力，虽然产品是自己生产的，但是能不能卖得出去，销售中心都不一定比零售商更了解，肩负全部责任的经营者都无法预测。这种情况下，闭门造车、关门讨论就是愚蠢而不可取的。

　　想知道答案并不难，方法很简单，就是探访每家商店，前去询问。过程是烦琐了一些，但是很有价值。来到一家销售松下产品的商店，虚心询问老板："这是新产品，您看卖得出去吗？"对方看一眼就会回答，"这是你开发的吗？这种品质应该没问题"。他预测的结果会八九不离十。

　　只要照着去做，这项工作并没有任何难度。这种询问就是一种探索，像盲人依靠盲杖找路一样，后方工作的员工不一定了解前线的事情，只有到前线才能了解真正情况。随着公司规模的壮大，很多情况下，公司人员很少去零售店铺询问意见，反倒是在公司里面热火朝天地讨论"这个应该在哪里卖"之类的话题，大家争得面红耳赤，无视零售店铺的作用。结果，产品上市后，零售店铺经常吐槽定价不合理，"这么贵的东西卖得出去吗？""那种东西我可卖不了"。

经营道路千万条，我们既要考虑五年后的事情，也要注重每日的积累。这样才不会犯错。

不可能所有的员工都出类拔萃

提问者：松下先生您精心培育着企业，促进其发展，不知道您在创业的过程中有没有悲观和绝望的时候？如果有的话，能介绍一下是什么时候吗？您是如何进行心理建设，最终跨越难关的呢？

松下：让人忧虑不安的事没完没了，深陷难题一筹莫展的状况等此起彼伏。您问的是面对这些问题时我的心理状态，是吗？

创业以来，我遇到过很多困难，世间之路难有坦途，请允许我举个例子来说明自己的观点。

记得公司的员工在五十人左右的时候，我是公司的核心，年轻人一呼百应，工作十分出色，我也很高兴。然而，有一天，一名员工做了一件错事，倒是没有到影响产品品质的地步，但是我还是很焦虑，整个人异常烦躁，甚至因为"五十名员工都会犯错，企业这下没有前途了"这一念头而整夜失眠，忧虑了很久。

我一直在犹豫要不要辞退这名员工。突然有一天，我明白了一件事：想想看，日本现在有多少人做了错事，假设每天日本有十万人因为触犯刑法而被逮捕，那么未触犯刑法的犯罪人数可能是这个数字的三到五倍吧，就算有五十万。这些人并未被驱逐出日本，一部分被关进监狱，一部分被教育，依然可以留在日本生活。

在古代，天皇被视作神明，是众人尊敬的对象。即使天皇力量无穷，日本的犯罪人数并没有减少。罪人当中，罪大恶极的人会被关起来，罪过轻的犯人则很快回归社会。不可能只雇用好人和不会犯错的人来工作，且今后员工的数量还会继续增加，我只能接受不完美的现实。

这样想来，我豁然开朗，不再焦虑。今后，公司如果能够顺利发展，员工规模增加到一千人，肯定会遇到其他困难，这点问题都不能释怀的话，自己也太对不起天皇的仁慈了。没有必要为这种事烦恼，也不能指望员工不犯错。我的纠结烟消云散，用人也更加大胆。

　　幸运的是，在松下，没有犯错导致公司破产的恶人。犯错的人永远存在，只要公司大的方向不受到影响，我们就该大胆放心向前进。面对困难，通过这种自我疏导，我豁然开朗。

有烦恼才能提升

做生意却收不到回款，这是让人头疼的大事。辛辛苦苦卖出去的商品却收不到钱，这实在很荒谬。然而，这种荒唐情况经常会发生。

收不回来的款项可能只占总销售额的百分之一，但是企业对此只能干着急。我们不能坐以待毙，要与客户保持沟通，尽量说服对方偿还，对结果也不要操之过急。抱着理解的心态进行交流，成功的概率会提高，我们每次沟通的时候都要真诚。

与对方沟通之前，自己可能要烦恼几个小时甚至几天，这在所难免。烦恼常伴，我们不能气馁，要转换心态勇敢尝试。我很幸运，通过不断的努力把企业做大做强。不知道在座的各位做的是什么生意，但是烦恼一定会有，不要因为烦恼而茶饭不思，每次烦恼之后自己都会提升。有烦恼不一定是坏事。

经营者要有自己的人生观

提问者：对于我们这些尚未成功的经营者来说，业绩增长较快的话，由于想法简单，我们一般会对形势持过于乐观的态度。能请您简单介绍一下年轻经营者需要注意的问题吗？

松下：在演讲中，我提到过作为经营者最不能忽略的就是树立正确的人生观，可以为企业牺牲的生死观。没有这样的想法将很难成功。从广义来说，这种牺牲也是为了社会和客户的牺牲，三者关系密不可分。当然这种牺牲不一定是牺牲自己的性命，重要的是要有牺牲自己的觉悟。

第二点就是在正确价值观的基础之上，努力"学习"做生意，关注客户需求。只有对自己的工作感兴趣，认可自己的工作，才能重视客户，努力学习。

不要为了赚钱而学习，这种学习很快就会失去乐趣，也没法说服别人。只有拥有强大的底层信念，甘愿为企业牺牲，才能让员工和顾客信服。没有这种觉悟，只是天天想着赚钱，生意难免沦为卑鄙的行径。

为了客户而存在，这是每个经营者都应该有的想法。利润也要学会与大家分享，大家都有钱，自己自然会受益，这就是社会关系网的重要性。

说起资本，如果日本经营者像美国同行一样年入百万美元的话，营商环境自然会大幅提升，收益也会更多。相反，现在大家都囊中羞涩，即使客户想买也付不起钱呀。经营者是利益共同体，一己之利也是他人之利，基于这种理念做生意，更容易说服别人。

光明正大

提问者：松下先生，之前，您介绍自己已经六十八岁了，我们大多不到四十岁，平均年龄是三十四岁，差不多是会长年龄的一半左右，也就是说，会长您三十多岁的时候，我们才刚刚出生。刚才您介绍一个人在四十岁左右的时候，其综合实力处于巅峰。我们出生的年代，会长您已经有相当成熟的生活态度和经营心得了，能给这个年纪的经营者一些人生建议吗？

松下：我年轻的时候，企业主要是个体经营，就算是在创业阶段，松下的员工人数一直很多。虽然是个人经营，但我把自己的账和公司的账分得很清楚，月底准时结算，向员工准时通报企业盈利情况。

"这个月赚了这么多，这个月卖了这么多"，我保证每名员工都了解企业的发展情况。虽然是个体经营，但是公司的所有账目都公开透明。企业利润不断积累，实际上只有很少的一部分用于我个人生活。

那个时候的员工更加积极向上。大家都认为"赚钱多少不知道，收入全都靠本事"，都愿意为企业全力以赴。和现在的情况有所不同，所以公开账目的行为更受欢迎，员工感觉工作有价值，都认为虽然不是自己的利润，但是感觉企业赚钱了，就很有奔头儿。这也是我把企业账目和个人账目分开并公布的初衷。这是我个人非常认可的 种经营方式。公司之所以为公司，就要与个人区分开来，这种方式非常适合个人经营。

善待功臣

提问者：刚才，会长您介绍说，由于年功序列制，日本很多地方不能充分发挥年轻人的实力。与之类似，很多公司还有元老，对于从上一代就一直辅佐公司发展的资深员工，我们该如何对待呢？今后又该如何逐渐调整年功序列制呢？

松下：这可能非常难。听您的提问应该是自己的情况，请问是从上一代开始做生意的吗？

提问者：是的。

松下：从上一代那里继承了出色的公司，我觉得这是非常光荣和幸福的一件事。当然这种情况也伴随着很多问题，比如公司里有不少年长资深的前辈，自己在公司里不能畅所欲言，否则显得不尊重对方，对吗？其实我觉得问题就在这里。

曾经福特公司的二代继承者也面临同样的问题。上一代拼命奋斗，做大企业，离世后由年轻的继承人掌管公司，但是公司里到处都是创业时代打下江山的功臣，元老们作为高级管理者把持公司主要业务。

结果公司开始落后。随着时代的发展，公司需要新鲜血液、新鲜想法，但是元老们年事已高，只是因有功才一直留任。福特公司很快被竞争对手超过，这是福特发展历史中的至暗时期。

其实二代、三代继承者最为艰难。无法舍弃老员工，新员工就难以上位。这个问题的解决需要以礼动人，为元老们安排更加合适的岗位。上面提到的福特继承者率先进行人事改革，重新改造企业，企业很快就重回正轨。

这是我听来的故事，但是可以看出，即使是美国公司也会面临继承问题，在日本更是如此。如何处理继承问题，是上一代赋予二代经营者的重要使命。

二代经营者需要一个抓手，也就是正确的立场。企业不是一个人的企业，是社会的企业，也是客户的企业，提升企业的公共性才能解决这一问题。换句话说，如果生意是自己的，怎么做都可以，但是企业是公共的，名义上是"我"的企业，本质上是为社会提供公共服务的团体。这样想，你就有了变革的勇气，把注意力放在公共性上，就能豁然开朗。暂且不谈友谊、功劳，这样才能找到解决问题的出路。

西乡隆盛先生留下了经典遗训，"德高者升官位，功多者厚俸禄"，也就是说，地位必须给予和见识相符的人。西乡隆盛的国家观和管理观供你参考。

中小企业要更重视深度

提问者：我想提问一个关于自由化的问题。我来自食品行业，松下先生刚才提到了西尔斯·罗巴克百货与日本百货行业在销售收入方面的差距，在数字上两者至少相差了百倍，同样，日本食品企业与欧美的大型食品企业相比，销售收入也是少得可怜，差距很大。除了销售收入，在原材料、设备、技术机构等各个方面，日本都处于劣势，自由化问题迫在眉睫。面对这一情况，如果松下先生您是中小企业经营者的话，您会如何应对危机呢？

松下：西尔斯·罗巴克百货在日本也设有采购部门，每年从日本进口约五千万美元的商品。因为相比美国市场，公司在日本直接采购商品更有优势。

西尔斯·罗巴克百货采购的商品中涉及很多中小企业的产品。除了西尔斯·罗巴克百货等大型企业，还有很多分包公司也进驻了日本。西尔斯·罗巴克百货在日本采购商品，这说明日本的产品符合消费者需求，在日本直接采购符合企业发展要求。

美国企业综合价格、质量等各项因素，不得不选择日本商品。

这一现象说明，只要我们努力，发展的大门依然是敞开的，中小企业完全没有必要担心，需要注意的是向深处拓展业务，而不要盲目扩展规模。

现在日本大型企业的规模不断扩大，打着相关企业的旗号，公司摊子越铺越大，生怕会落在后面。究其原因，主要就是企业认为这个业务做不好可以换下一个，用广度掩饰存在的问题，试图通过这种方式提高企业的经营能力。中小企业中也开始出现这种苗头。

世界竞争越来越激烈，什么领域都涉足只会消耗资金，导致注意力分散、技术逐渐荒废。如果想在竞争中立于不败之地，最好的做法就是缩小广度，拓展深度，实现专业细化，通过这种方式开发出连大型企业都无法企及的优良产品。

虽然不知道您的具体工作是什么，但我认为完全没有担心的必要。中小企业有中小企业的生存之道，大企业有大企业的发展法则。大企业如果盲目扩张，就无法挡住全球竞争的利刃，对日本大企业来说，专业化也是必经之路。

分工是世界发展的大趋势。全球各国都在加快分工，努力开放国门，发展国际贸易。公司的业务范围越广，对日本的发展就越不利，对其他国家而言也是如此。

如果是你，了解到对方的规模之大，还会和西尔斯·罗巴克百货继续开展贸易吗？就算是西尔斯·罗巴克这样资本雄厚的企业，其发展也必须依赖采购。了解对方的想法，双方才能受益。虽然我不了解西尔斯·罗巴克的真实情况，但我认为道理都是相通的，食品行业也是如此。你完全不用担心，发挥企业的特色优势，发展的道路自然会出现。

没有魅力则无法吸引人才

提问者：不知道我的问题是否与研讨会的主题相关，我想请教一下招聘问题。会长，您一般从大企业的角度来思考问题，但是对于中小企业来说，我们最头疼的问题就是招聘。拥有优秀人才是大家的共同愿望，也希望从企业员工中挖掘优秀的人才，但这种想法很难实现。人才队伍建设令人头疼，能否请松下先生站在中小企业的立场给我们一些建议呢？

松下：确实，现在日本的中小企业面临招聘难的问题，其实所谓的大企业也存在用人荒的危机。从整体来看，日本人口逐年减少。劳动人口少了，游戏人生的人却多了，这种现象很奇怪，我也感到十分费解。社会问题的出现是政治发展的必然结果，很难避免。

换个角度来想，"用人荒""招聘难"其实是企业无序招聘招致的恶果。企业招聘的人数多了，流动到其他企业的人就少了，五个人分给十家企业，一定会有五家企业无人可用，这是社会性的问题，影响企业发展。有的企业故意多招人，导致其他企业无人可用。从竞争的角度来看，这些企业貌似成了胜利者，但是从社会共同利益的角度来看，这将引发社会问题。

现实中，我们很难解决这种问题，还是得想办法继续招聘，所以招聘成了制约企业发展的关键环节。这是当今日本社会的一个缺陷。日本人口并不少，但是踏实肯干的人少，游手好闲不工作的人多，不解决这一根本问题，就无法打破现在的僵局。

社会性的问题很难马上缓解，还是回到眼下最棘手的招聘问题上来。就企业而言，其实应对用人荒很简单，只要把人手不足的岗位进行分类就会发现：紧缺岗位招聘初高中毕业生就可以满足需求。日本的初高中毕业生每年有几万，只要需要，没有找不到人的道理，问题迎刃而解。

招聘的要点在于打造企业的吸引力，这也是招聘的前提。丰厚的薪酬待遇是企业的吸引力，但是单凭这一点还远远不够。企业可以试着与学校老师多多接触，老师无意间一句"那个企业怎么样？听说负责人很不错"，学生听了就会放在心上。当然老板娘人不错这一点也很好，现在老板娘也很重要。

　　缺乏吸引力的企业难以吸引人才。从成就伟业的目标来看，日本现在最大的问题是什么呢？就是没有做到量才而用。一大批人才在不适合自己的岗位上碌碌而为，导致人手出现不足。

　　这是政治问题，不属于我们讨论的范畴，但是从企业发展的角度来看，解决上面提到的问题已经刻不容缓。

选人得当

提问者：很感谢松下先生介绍了吸引人才的措施，松下集团规模巨大，新产品的研发一定需要不少技术人员和人才。如何才能吸引到这样优秀的人才呢？请您介绍一下您的心得。

松下：其实对上一个问题的回答完全适用于您的问题，但是如果不介绍一下我自己的情况，看来大家很难认为这是我的心得呀。

我生活在一个幸运的时代。那个时候不讲究成绩，到底是第一名还是第三名，对企业招聘影响不大，按照当时松下公司的情况，如果将最优秀的人才招进公司，因为他能力太过出众，公司反倒会难办呢。

公司招聘挑选的都是适合自己水平的人才，所以并没有这种烦恼。当时连从高等小

学 ① 毕业的学生都很少，大部分人都是初等小学毕业。想要招聘中学毕业的学生，公司要花费相当多的精力。

1918—1927 年，公司几乎没有招到过专门学校毕业生，九年间只有两位专门学校毕业生来松下工作，中学毕业已经是招聘的"天花板"了。每个人情况各异，对于公司来说，招聘的是适合的人才，而不是优秀的人，过于优秀的人才并不适合当时的松下集团，入职后对方可能会觉得："这公司怎么这么无聊，伤脑筋。"招聘对象必须认可公司，并不是越优秀越好，这是我的准则。

选人要得当，招聘对象要符合公司和店铺需求，只要认知合理，招聘并不存在困难。假定公司的需求是 100%，那么达到 120% 要求的应聘者就不符合公司要求，反倒是 70% 左右的应聘者最为

---

① 明治维新到第二次世界大战爆发前，日本的小学分为初等小学和高等小学两个阶段。前者相当于一到四年级，后者相当于五到六年级。——译者注

合适，因为刚好达到100%的话就没有了上升空间。招聘中的困难、意外反倒会成为公司的幸福。

　　这就是企业发展的妙处和趣味。如果应聘者的能力值十万日元的薪酬，起初可以只给七万日元，之后逐渐上调工资，这样对方会有更大的满足感；如果一开始就给十万日元的话，那对方很可能会骄傲自满。这只是一个经验，希望大家可以思考其中的道理。

有志者事竟成

提问者：我也想拓展新的业务，但是自己没有什么经验，公司也没有对应的技术人员。会长，您之前提到从配件业务逐渐拓展到电热器等业务，为了处理不同性质的业务，当时您有没有去其他地方挖人呢？

松下：根据我的记忆，我们几乎没有挖过人。通过挖人的方式，确实短时间之内可以建立团队，但是人被挖走了，原公司的业务就会受到影响，损人利己并不是一种明智的选择。

松下集团有数万名员工，有的员工确实是从其他公司辞职后加入松下的，这种情况属于转入，我的原则是不主动去其他公司挖人。挖过来的人才未必都很优秀。有的人很可靠，有的人内心很脆弱，坚持不挖人的原则，对公司发展不是更好吗？

可能有人会问，那么新业务该怎么办呢？解决的方法就是，让员工去学习新技术。找到合适的人选，告诉他"有一项新工作，你想试试吗？""当然想！""但是你还没有掌握这项技术，去学习一下吧。""去哪里学呢？"这时经营者要主动寻找掌握技术的企业，真诚拜托对方传授技术。很多公司会拒绝这种请求，但总有公司认为两家公司相距甚远，传授技术也不会影响自己的生意，愿意倾囊相助。各行业情况当然会有所不同，但这才是学习技术的正当途径。

有志者事竟成，凡事不必过分担心，从其他公司挖人也不一定会遂意。

深耕行业，利润自来

提问者： 人们常说企业的最终目的是赢利，我父亲却说："只想赚钱就赚不到钱，不想赚钱反而能赚到钱。"

获得利润如果不是最终目标，企业又如何通过发展业务造福员工呢？在我看来，只有公司实力雄厚，利润充足，员工生活富裕，我们才能推动社会发展，使民众生活丰富多彩，实现获得幸福的最终目的。这也是我和父亲两个人争论的焦点。

我认为追求利润是企业经营的最终目的，但是我们公司的社长认为："不是这样的，通过我们的努力而偶然获得利润，利润是努力的回报。"

松下： 你的问题很有意思。换句话说，你父亲追求的是更大的利益。如果仅仅追求利益，只要努力工作自然可以获得利润，虽然和你意见不同，但其实你父亲更懂得这一道理。

这是我站在你父亲立场得出的结论。像你这样的年轻人，一定要历练自己，以真诚态度从商，以努力姿态不断提升自己。

其实你父亲很厉害，因为他在结论中还兼顾了利益的重要性。如果经营者既没有责任感又赚不到钱，估计国家就要头疼了。池田先生（时任首相）曾说过："企业要多多赢利，国家愿意为功臣颁发勋章。企业盈利多了，国家税收就有了保障，有了税收，才有条件修建各种社会设施，道路越铺越宽，社会福利越来越好。没有企业的盈利，国家什么也做不了；没有企业的贡献，国家将步履维艰。"

如果只谈社会服务等冠冕堂皇的话题，企业可能不会觉得赤字有什么问题，但一涉及税收，问题可就严重了。所以我希望大家做生意都能获利，不断扩展业务，反哺社会，缴纳税金，通过国家的力量修建更多设施。这也是国家发展的唯一途径。

单单强调社会公共性，号召企业追求利益，这种方法是行不通的。老师对学生这么说，也许会有效果；换作政府号召大家大干一场，我觉得很难有说服力。

提问者：前面有人提问涉及了事业部制度，开发新产品时，因为有新鲜感所以不会产生问题，但是工作进入稳定阶段之后，会不会存在诱发派系主义的风险呢？

松下：确实有可能，这种趋势必须及时扼杀在摇篮中。要及时纠正企业的弊端。经营者要关注事业制度与整个公司的共通之处，任命具有这种觉悟的人才担任事业部部长，且一定要告诫对方，切莫"各人自扫门前雪，莫管他人瓦上霜"。事业部部长必须是兼顾部门与企业发展的协调性人才。

积极引进技术

提问者： 放眼全球，事业合作、技术合作、资本合作等是大势所趋。松下集团与荷兰飞利浦公司建立了友好合作关系，这也是贵公司发展的重要契机。能请您谈谈，您在这一过程中的感受和合作的优势与劣势吗？尤其是劣势的部分，谢谢您！面对机遇应当怎样分析，对方提出建立合作关系时，经营者又该注意什么呢？

松下： 我认为洽谈合作时一定要考虑对方的企业风气和经营者的人格。这一点最为关键。

据我所知，有一家企业就因为与美国公司合作而最终倒闭。不是说对方公司一定有问题，只是要明确双方的权利、义务，而日本公司往往从感情角度出发，对很多问题一再退让。

相反，外国公司固然也有情感方面的考虑，但是对权利、义务的划分十分严苛。对于约定好的盈利目标，对方认为约定好了就一定要达成，否则就会责问："这都是你的责任，自己公司的事情都不了解吗？请抓紧把我应得的部分转过来。"外国企业在合作中不会顾及对方的感受，所以大家一定要对合同条款再三斟酌，不要留下任何纰漏。

飞利浦公司是一家国际知名的大型企业，技术过硬，所以松下集团和飞利浦公司建立了合作关系。其实合作之前，对方对松下集团进行了非常深入的调查，从提出合作到确定关系大概花了将近一年的时间，前后三次派专家到我们公司来考察。飞利浦公司对于我方的合作意向也十分重视，虽然松下集团拥有不少技术，但是诚意直接影响合作水平，所以对方进行了十分周密的调查。

幸运的是，松下集团诚意满满，双方最终得以顺利开展合作。如果没有合作的诚意，只是渴望获得对方的专利技术而轻易提出合作，最终大多会失败。

技术固然重要，然而是否有合作的诚意直接决定合作能否成功。对方并不认为自己为合作失败需要负起任何责任，"既然把技术传授给了你们公司，做不好就是你们的责任"。拍脑门的合作大概率会失败。

相反，如果考虑周全，面对加快合作的催促，我们完全可以回答："这样着急的话我们不如不合作。""为什么呢?""为什么? 因为你们完全没有为合作做好准备，也没有人手吧。我们公司要拿出几十万日元权利金，没有结果的买卖我们没有兴趣。"这样干脆利落地拒绝合作更为稳妥。

如果不拒绝对方会怎样呢? 合作业务大多不会顺利，对方可能觉得："我们在按照合同做事，是你们学不会。完全是你们的问题，你们必须承担损失。"合作很快就会草草收场。

所以，慎重考虑对方的品格，全面考虑可能产生的问题之后，经营者再决定是否合作。只有做到这一点，才能在对方完全放手的情况下放心开展合作。

公开透明的会计工作

提问者：我想问一个比较敏感的问题，刚才您提到每个发展阶段都会公布公司的财务情况，请问您如何处理和税务部门的关系呢？

松下：当然要和税务部门保持正常且清楚的关系，不能因为税务问题影响企业发展。

提问者：那税率问题呢？

松下：在税率方面，我们严格按照规定执行。公司按照规定上报应收，税务公司收取相应税金。看来您纳税少于实际营收吧，所以才会问这个问题呀。

有没有问题，其实客户和销售公司会比我更清楚。我们也对企业进行投资，但是财务问题全部由我来亲自指导，我始终坚持绝对不能逃税的理念，对方有时甚至会因为这种坚持而感到头疼。

税金能逃则逃，动这种歪脑筋的经营者缺失责任感。通过这种方式节省税金，还不如在赚钱上多动脑筋。这不是更有效吗？在我的指导下，税务情况光明正大，公司的发展也十分迅速。要做大做强，这种觉悟必不可少。当然，通过偷税逃税可以小赚一笔，您也可以继续这么做，但是隐患就会一直存在。

成大事者必须光明磊落，一个人铤而走险，也许还可以蒙混过关，但是很多人一起犯错，危险必然会降临。满脑子都是这种歪门邪道，估计也很难想出更好的经营方案。观点直接决定成就，财务问题十分重要，请大家务必慎重对待。

日本税金过高

提问者：现在日本的税率很高，不知道松下先生您怎么觉得？

松下：以前还是比较合理的，但是从战争开始税率就提高了。现在我几乎不用纳税，除了挂在墙上的那点东西，剩下的全被拿走了。开个玩笑，大家不要介意。

日本的税率必须调整。这需要政府提高决策效率，以更加低廉的方式运营政府，比如选拔更有才华的议员来参与政治。无论是个人经营还是公司经营，现在企业的营收几乎都要缴税，大家的抱怨很多。

提问者：税金问题仅次于人才问题，尤其是对发展阶段的中小企业来说，这个问题很难解决呀。

松下：确实如此。其实我一直对这个问题很头疼，但是现在我下定了决心。以前税率没有现在高，只需要申报实际利润的五成左右即可，缴纳固定的税金，不过这已经是三四十年前的事了。尽管当时规定如此，但我没有这样做，所有的收入我都会申报，而且将公司账目和个人账目明确分开，保证财务情况公开透明。相比于其他同行，松下集团的发展更为迅速，这足以证明我的做法是正确的。

创造敢做敢言的氛围

提问者： 刚才您提到，四十多岁的能力出众的员工发表的意见有时候也很难被采纳。这名员工将其想法讲给社长后，之后社长推动这一想法落地了。如此说来，优秀的员工的想法，以社长的通知的形式或者说通过最高权力机构得以贯彻落实。换句话说，优秀的员工仅靠自己的力量积极推进想法落地，是行不通的。是这样吧。

松下： 员工在力所能及的范围内尽了最大的努力，发现凭借自己的力量无法实现抱负，而从公司层面是可以的，他就会有向社长提案的动力。

另一种情况是，社长觉得某个人总是很有见地，就会经常与其讨论。当然，提案者和社长之间还有中层干部，中层干部也要有善于倾听的习惯。经营者要关注企业文化的培养，鼓励员工直言进谏，积极思考。

日本的管理人员过多

提问者：刚才您的演讲中也有所提及，前几天我有幸拜读了报纸的报道，内容是会长的美国访问感受，您曾经提到，虽然美国员工年龄各异，穿着不同，但是生产效率比日本高很多，您分析差异的原因在于管理人员，能否请您具体谈一下？

松下：正如你所言，我见到的美国工人和日本一样，都是按工作时长获得薪水的普通劳动者，而且大部分是女性。日本的女工差不多年纪在二十岁左右，但是美国没有那么年轻的工人，很多是将近五十岁的，也有四十多岁的，二十多岁的年轻人很少见。工人无须统一着装，个子有高有矮，因为上了年纪的员工，手法不是很灵活。猛地一看，这让人感觉很是异样。

在日本，无论在哪个工厂，我们都能看到年轻女工有条不紊的忙碌场景，差别很大。我在美国工厂走了一圈，发现他们的生产效率非常之高，令人震惊。

美国是如何提高生产效率的呢？为什么上了年纪的工人，手法不甚灵活，工厂整体效率却提高了呢？因为管理层制定了合理的生产计划，适应所有人的工作需求。美国企业的管理层人员很少，少数资深人士精心制定计划，只要按部就班来操作，就可以得到圆满结果。这是我仔细思考得出的结论。接受采访时，我向记者介绍了我自己的感想。

明确的一点是，日本公司存在一个通病，就是管理队伍过于庞大。俗话说得好："船老板越多，船越容易开上山。"人多口杂，这种情况普遍存在。

美国管理者设计的计划一旦出现失误，马上就会被替换掉。严苛的管理制度培养出资深的精英，他们都是经历了艰苦的磨砺后才独当一面。

相反，日本则比较宽容和慷慨，只要公司还在，一切都好说。如果是在美国竞争激烈的环境，这样的企业早就关门大吉了。美国企业只会选拔资深人士负责管理，以产生需要的价值，保证工人即使上了年纪，生产效率依然不会下降。

美国经济非常繁荣，但是随着自动化的不断发展，失业人数也在不断增加，这成了社会问题。需要的工人数量有限，多一个人，企业也不会付钱。原本需要五个人才能完成的工作，可否削减到三个人呢？因为契约精神，美国一般不会这样做。然而随着自动化的不断发展，需要的工人数量越来越少，矛盾就会越来越突出。

美国也有失业问题。百分之四的失业率是正常水平，美国现在的失业率高达百分之六左右，失业者越来越多，政府通过减税的方式应对危机。

肯尼迪总统为了鼓励消费、振兴产业而采取了减税手段。企业有了剩余资本，就会拓展更多业务，以获得更多利润。消费者有了余钱，就有消费需求，购买更多商品，为了满足消费需求，企业就会招募更多的人进行生产。这种方式逐步推动失业率恢复到百分之四。

当然，减税也会减少国家税收，但是两三年后，随着生产力的提升，虽然税率降低了，但是国家收入还是会增加。这也是肯尼迪总统推行减税政策的目的。

美国国家财政面临赤字，肯尼迪总统却毅然推行大幅减税政策，这种选择可能超出了普通人的常识。这是美国失业环境下的必然选择，失业率左右了政策导向。

反观日本，根本不可能出现通过减税来振兴产业促进消费的政策。即使不减税，现在日本的物价都在不断上涨。如果再减税，号召大家"多生产，多消费"，不知道物价还会上涨多少。通货膨胀问题同样重要。

这就是日本和美国的真正差异。美国消费增加五倍，产品还会有剩余，因为生产效率高，从不担心产品供不应求，通过减税就可以刺激就业。日本如果减税，甚至不减税，物价就会上涨，形势十分严峻。

信仰本能

提问者：不好意思，我想问一个稍微偏离主题的问题，不知道这是日本独有的情况还是世界共通的问题，其实宗教的地位已经发生巨大改变。听了您的介绍，我觉得在您的看法、人生观、社会观中还有信仰的影子，不知道松下先生如何看待神社、佛龛、基督教等宗教问题呢？

松下：这个问题很难，日本向来低调对待宗教等信仰问题，现在的年轻人对宗教信仰也没什么兴趣。所以，信仰神佛，并且向其祈愿的意识越来越薄弱，人们更加相信科学知识。

教育也是如此，也呈现出这一趋势。与培育人的素养相比，教育更加热衷于传授科学知识。我认为这是失衡的状态。就人类自身而言，要提高人本身的教养，并随之传授其科学文化知识和技术。这样一来，优秀的人就能够合理利用科学技术。但是，如今日本的教育方式是，不培养人的德性只传授技术和科学知识。我认为这是不对的。

话说回来，日本的宗教逐渐失去活力，原因主要是宗教未能与时俱进。以下是我的个人想法，可能并不正确。在我看来，人都有一种本能，那就是信仰本能，或者是依赖本能。人们也想依靠宗教信仰，但是可靠的宗教少之又少，所以，很多人沉迷打老虎机游戏，并以此来麻痹自己。

老虎机和宗教很像，人们无论信仰如何，都有一个底层原因，那就是人类的欲望本能。在食欲的驱使下，除非坏了、馊了，但凡能吃的东西，饥肠辘辘的人都想吃。在困难时期，哪怕是红薯蔓，人们都想磨成粉来充饥，这就是食欲本能，人饿了什么都想吃。

同样，信仰本能也是人的欲望。因为拥有信仰本能，人们渴望获得信仰。没有信得过的宗教，就像吃红薯蔓一样，遇到什么信什么。这种信仰就像自行车比赛，它虽然不是宗教，但两者都能够让人从中获得满足，能有所寄托而不断前行。

因此，正如我们不断寻找美味的食物来满足食欲本能一样，为了满足信仰本能，人们要不断地对宗教和信仰展开探索。我认为甚至有必要创造好的信仰和宗教的，日本就是没有这样做，才出现了各种各样的问题。

六百五十个全新教派

不知道我的回答是否能够解答你的问题。每个人都有信仰本能，但是这种本能不一定会被满足。人类有食欲本能，但是粮食不一定充足。单就食欲本能而言，最近食品公司不断推出各种产品，人们可以买到各种食物，甚至有人患上了营养过度症。

我真心希望有越来越多的宗教出现，甚至多到眼花缭乱的程度，这样我们就不用考虑如何消磨这么多假期时光了。现在假期太多了。

美国的问题并不少。访问美国时，我每个周日都会去教堂做礼拜，以寻求内心的平静，这也是我对美国宗教生活的初体验。

但是我不会去日本的教堂。不是不去，而是不想去，因为日本的宗教缺乏吸引力，存在很多问题，这也是现在日本新兴宗教不断出现的原因。新兴宗教在日本已经初具规模，约有六百五十个教派，传统宗教催生出新兴宗教，这六百五十个新兴宗教全部出现在战后，而且拥有众多信徒。

六百五十，这个数字其实有点多。数量越多，人们越迷茫，饿着肚子看到什么都想吃，至于味道如何，内容是什么，反倒没有人在意。这就是日本宗教界的缩影，当然我不是宗教人士。人们想法各异，需要几十个不同的宗教满足信仰。宗教一定要言之有物、有说服力，并能带来实际效果。人们不能盲目跟风信教。日本宗教的低潮现状既有宗教人士的责任，也有普通国民的问题，二者都有责任。民众的精神状态越萎靡，德行涵养就越难培养。当今社会的宗教形态并不理想，我们却束手无策。

三分财产最安全

提问者：以前，我听说过为了保护财产，将财产一分为三的理财方式，您刚才提到美国船运公司的社长将财产分成了三四份的例子，我们每天辛勤奔波，财富逐渐增加，请问通过什么方式来投资比较好呢？

松下：正如您所说，现在常见的投资方法就是三分财产法。这是大量研究证明的稳妥理财方式。当然凡事都是"仁者见仁，智者见智"，相比三分法，有人可能会选择二分法或者其他方式，只不过三分法比较常见而已，不知道你意向如何，可能就是纠结要不要分成三份吧。

今天晚上我还要乘坐六点的航班飞回东京，见到各位很高兴，今天的演讲到此结束，我先告辞了，谢谢大家！

日本青年会议所研讨会

1963 年 8 月 21 日

比叡山国际观光酒店（京都）

第二章

谋求经营的合理化

·借贷经营，这种经营模式好比火中取栗，一旦公司经营不善，就会损失巨大。为了在开放经济下推动企业快速发展，经营者必须实现自力更生，依靠自有资本经营企业。

·经营者如果将成功归结于自己的努力，就容易疏忽大意、骄傲自满。相反，如果把成功归结于获得了众多人士的理解和帮助，而不是自己一个人的功劳，就能避免独断专行，减少失误。

·企业要从国家、社会、行业，甚至是公司的角度合理考虑定价，综合这四个因素确定的价格才是最合理的价格。

大家好，我是主持人刚刚介绍的松下幸之助。今天能在这样重要的场合与各位分享观点，我感到非常荣幸。

在座的各位都是东海银行的重要客户，非常高兴见到大家。今天的演讲对我来说是一次巨大的挑战，各位都是各行各业的精英，下面请允许我鼓足勇气，分享一些个人见解。

众所周知，松下集团是政府认可的电气企业。银行对我们公司的业务一直关照有加，各位同人对我们公司的发展也给予了莫大的关怀，请允许我借用今天的场合向各位表示衷心的感谢。谢谢大家！

当然，今天的参会者中也有不少初次见面的朋友，以产品为纽带，我和各位新朋友紧密地联系在了一起。既然在场的各位都是朋友，我对今天的发言顿时有了信心，演讲中如有不尽之处，敬请各位谅解。

其实，今天发言前我并没有完全想好要说的内容，我想到什么就和大家分享什么，如果存在前后不一或者不合理的地方，还请各位多多指正。

毫不逊色的城市规划

因为业务的关系，名古屋是我非常怀念并且建立了深深羁绊的城市。从商业角度来看，名古屋市商业氛围浓厚，我们在这里设立了营业中心。一般，员工在名古屋打拼四五年，再去哪里都可以独当一面。名古屋是松下的福地。虽然时间长短有所不同，但松下各地的营业所负责人几乎都在名古屋研修过。

下面我想和大家聊聊我的一些感受。我每年或者每两年都会来名古屋一次，每次来到这里，我都会感慨战后名古屋城市规划的伟大。虽然不知道这种伟大的缔造者是谁，但是和东京、大阪相比，我觉得名古屋作为现代城市的规划并不逊色于世界任何地方。在严密的规划之下，带有浓重城市风貌色彩的各类建筑在名古屋市内整齐排列，要说日本哪座大城市最好，我一定会选名古屋。

名古屋的城市增长也十分迅速。今天参会时我了解到，名古屋的人口已经达到一百八十万，接近两百万。战前，名古屋、京都、神户、横滨等六大城市的人口大抵接近，相差不多。战后，名古屋市容整洁，市貌紧凑，其人口数量逼近大阪，发展远超其他城市，已经位居第一梯队。这是名古屋人的幸福与伟大之处，令人艳羡。

我经常会想，为什么大阪不早早效仿名古屋的做法呢？我也常和朋友们讨论这个问题，甚至遇到问题之后都要先看看名古屋的动向，常常靠"名古屋就是这么做的"的理由说服自己。成为"名古屋"是我们的目标。

东海银行的快速发展是名古屋的象征。东海银行本身就是一家优质银行，这一点毋庸置疑。随着银行的不断发展，如今东海银行已经成为日本五大银行之一，跻身六大银行之列。东海银行的发展就是名古屋发展的缩影。

如果没有符合名古屋发展需求的银行助力，名古屋的城市发展可能会遭遇障碍。毋庸置疑，适应发展需求、实力超群的银行是名古屋产业发展的强大保障。幸运的是，名古屋拥有东海银行这样一家名副其实的优质银行。东海银行发展十分迅速，未来名古屋的发展潜力将难以估量。

如果城市拥有牢固的根基，规模再大都不会产生问题。纵观整个日本，不少城市快速扩张，但是基础并不牢固，导致问题频发。事业也好，企业也罢，与其盲目扩张，不如脚踏实地做好业务。盲目的增长策略并不可取。

日本经济宛如一座富士山

接着上面的话题，我想谈谈日本经济取得的惊人成就。十八年来，日本经济的增长并不输欧美任何一个国家。即使和欧洲增长最快的德国相比，日本的经济增长率依然占据上风。老实说，我个人十分钦佩从战后废墟中复兴的日本。

作为日本人，我们更要肯定这样经济增长的成绩。快速的经济增长是不争的事实，池田也呼吁将民众的收入翻上一番。大家朝着这一方向不断努力。日本前年的经济增长率达到百分之二十左右，去年基本持平，听说今年的增长率至少可以保持百分之十以上。

对于遥远的外国来说，这种经济增长堪称奇迹。很多国家惊叹于日本的快速发展。就像我们看富士山一样，远远望去，富士山如此雄伟壮观。面对日本经济的快速增长，外国人看日本的感觉就像从远处看富士山一样。

　　这不是一件坏事，也没有什么不妥。作为日本人，外国人肯定我们的经营业绩是一种幸福。但是我们心里一定要清楚，一旦走近富士山，山体表面的污垢就会暴露无遗。再靠近一点，眼前尽显各种问题，富士山也会失去魅力。日本经济内部其实暗藏着很多纰漏。

　　如果只是登山游览，富士山的不完美并没有什么影响。从经济发展的角度来看，日本的经济运营看似又好又快，内部却暗藏着各种问题。了解越多越失望。

　　从公司的经营来看，外国公司都是自主经营，资本的构成也以自有资本为主。日本的情况则恰恰相反，资本的构成主要依靠借贷，企业发展仰仗外部力量，自有资本占比极少，据说一半以上都是借款。

摆脱借贷经营

我并不认为借贷经营是一种健全的发展模式。第二次世界大战结束后，日本企业没有了资本，大家都一穷二白。为了复兴，企业的交易以信用为凭证，各种现金交易开始用票据进行，日本就是在这样艰苦的条件下重新站了起来。即使是月末的现金交易结算，在当时也无法实现。

部分企业开始向银行借款，企业之间使用票据进行交易。条件虽然艰苦，企业坚持复工，员工全力提高产能。问题虽多，但日本的生产逐渐步入正轨，并且发展到了今天令人惊讶的程度。这些成绩有目共睹。

受到特殊情况的影响，日本企业被迫使用票据进行交易。这种交易方式其实存在很大的风险。时至今日，企业经营逐渐稳定，已经积累了一定资本。企业按理应该向自有资本为主、借贷为辅的方向转型。然而，现实却并非如此，信用交易不降反升，问题积蓄已久，随时可能爆发。

政府意识到了企业经营的弱化，考虑是否规范企业的资本结构。然而，只有企业改变还远远不够，企业的自有资本比例需要提高，银行也需要接受指导，规范放贷行为。实际上，改善措施已经运行了一段时间，不良倾向并没有得到遏制，反倒有一种逆行的趋势。

这是一种企业发展模式。不幸的是，在这种模式之下，公司经营不善就会产生巨大损失。比如在资本金方面，如果是传统企业发展模式，资本金五万日元的公司，即使经营不善，最多就亏个十万日元左右，部分资本会回流到债权人手中。现有模式下，很多企业获得外国资本援助，负债暴增数十倍，一旦经营不善，整个企业就会"付之东流"。用一句话来形容，现在日本好像坐在一个随时可能喷发的火山口上，经济岌岌可危。

可能有人会说，"话虽如此，但是日本企业现在发展得很顺利呀"。我认为这种顺利只是一种表象，是用常识无法解释的神奇的状态。有人觉得这种状态可以持续下去，借贷经营也会成为常态。对此，我不敢苟同。截止到今时今日，企业的发展的确没有出现问题，但是弱势企业在这样的状态下能否迎接开放经济的洗礼？这非常值得怀疑。

究其原因，到目前为止，借贷模式下的企业发展主要得益于民众之间的相互信任。信用为交易提供保障，政府和银行因为形势紧迫而默许这种模式存在，但是这种情况并不会持久，我希望银行可以重新审视流程，谨慎对待企业放贷。

外国援助

还有一个重要的问题，就是外国资本逐渐进入日本。也许有人认为日本的复兴依靠的是本国的力量，其实并非如此。这么说是否合适我不是很清楚，但是日本复兴的大部分成绩主要仰仗的是外国援助。正是有了外国援助的基础，日本经济才得以起飞，并发展到了今天。

最近出现了很多经营研讨会和经营研究会。这些会议的原型其实是尽人皆知的"日本生产性总部"[①]。那么成立生产性总部是谁的提案呢？其实该团体是美方倡议、美国成员组建的组织，并不是日本人按照自己的想法，综合生产和金融要素为复兴日本而成立的团体。

[①] 日本生产性总部是 1955 年成立的民间团体，该团体多次赴美国学习管理知识，推动日本战后经济的发展。——译者注

换句话说，日本生产性总部是在美国领导倡议下成立的组织，并在日本经济发展过程中起到了重要作用。当今的日本发展和当时有着共通之处，因为外国力量都渗透到了日本经济的方方面面。

　　日本是生产技术领域大国，电子行业稳步发展，晶体管产量位居世界第一。这一点值得我们骄傲。但是大家知道吗？晶体管的发明者是美国人，日本引进了美国的技术，不断改进工艺，逐渐稳定产能，才实现了对美反向出口。

　　在日本的电子行业中，没有任何一家大型电机制造商使用自主研发技术，全部引进外国的生产工艺。这却成了日本经济发展的动力。无论技术还是经营，日本的发展都是在外方指导的基础上实现的，最终成就了日本的经济奇迹。

　　当然，其他国家也会接受外国的援助。十二年前，我去欧洲的时候，曾经参观了一家数一数二的荷兰弱电公司。这家公司有一台崭新的机器，我问对方这是什么设备，对方回答说是美国欧洲复兴援助资金赞助的设备。受到战争的影响，当时欧洲百废待兴，形势低沉，经济一蹶不振。欧洲经济的复兴高度依赖外国援助，一流企业也不例外，欧洲到处都是这种情况。

我原本打算从欧洲引进技术回到日本，却没想到它也要依靠援助发展，这不禁令我感慨万分。现在这种情况已经结束，欧洲各国不再依赖外国援助机构发展。自主经营的过程中，欧洲企业的资本逐渐进入良性循环，借贷基金也基本偿还完毕，只剩下日本还止步不前。

不只靠自己

没有外国援助，就没有今日复兴的日本，对此我们一定要有清醒的认识。日本并不是依靠自己的力量实现了战后复兴，半数以上的成就都是依靠外国援助实现的。这对日本经营者的心境、经营方针都产生了重大影响。

如果将成功归结于自己的努力，人就会疏忽大意、骄傲自满，一定要避免这种骄傲的情绪。

毋庸置疑，日本的成就是日本国民创造的，但是伟大成绩的背后却是外国援助，日本今后必须谨慎思考发展的道路。承蒙大家的厚爱，松下集团取得了一定成绩，但是这份成绩的取得不是我一个人的成就，而是大家理解和帮助的成果，我从未忘记这一点，所以每天更加努力地工作。

这样的想法有助于规范我们的行为，及时消灭在萌芽中的越轨行为，减少犯错。这是我的做法，也希望在座的各位、整个日本都有这样的意识。

　　以上只是我个人的观点，很抱歉这些话听起来有点像说教。

制定合理价格的四个要点

　　我想谈谈如何做生意。今天在场的各位都是生意人，听说最近有一种"度假"的说法很流行。度假确实很重要，但是一年之中，各位更多的时间还是在工作。工作体现了我们生存的重要价值，为了工作奔波也是理所当然。但是忙是忙了，各位的生意真有起色吗？大家是否也会迷茫和怀疑呢？下面请允许我谈谈自己对做生意的一点个人见解。

　　做生意必须赢利。企业不赢利就无法生存，这一点无须赘言。重要的是设定多少利润空间，也就是怎样合理定价。定价应当因国家而异，因行业而异，企业的理念不同，定价也会有所不同。

　　不论怎样，企业都要摸索出适合自身发展的合理定价规则。换句话说，企业要在理念的指引下合理定价，一定要有自己的准则。

　　老实说，是不是其他公司的产品便宜，我们的产品就得降价呢？一味降价是否就能达到合理的价格呢？在我看来，如果价格变动跌破产品的合理价格底线，这样的价格就不是合理价格。

降价竞争的行为存在巨大隐患。如果企业想实现自主经营，就必须自己判定合理的价格。那判定的标准是什么呢？企业要从国家、社会、行业，甚至是自己公司的角度综合考虑定价，这样才能制定合理的价格。

企业或店铺在经营过程中，假设零售店获得一成利润是合理价格。企业会如何使用这一成的利润呢？首先是用于公司运营，保证企业作为社会一员开展稳定的运营。从行业的角度来看，维持合理价格有利于促进行业的健康发展，维持行业的发展平衡。从社会发展的角度来看，合理价格也会维持社会秩序。通过层层传递，合理盈利的正向作用不断向社会传递。进一步来说，从国家的角度来看，合理的盈利为政府提供稳定的税收支持。这些都是合理定价的正向反应。

只有综合考虑以上四个要点，才能合理制定产品价格，这也是自然赋予商品的价格。这种形容可能不是很恰当，但是不管怎么说，合理的定价其实是固定的，不然就会打破市场规律。对于生意人而言，合理盈利十分重要。

生意兴隆始于合理价格

在公司草创阶段，我就意识到企业利润不是自己的"囊中之物"，而是社会的共同财富。企业利润包括四个部分，我曾一度认为四个部分的分配都可以由自己斟酌决定，所以即使产品打了半价也没有法律来制裁我。后来我才明白，这种行为会严重破坏四方利益。可能有客户会说："松下先生，你也太强硬了，一点都不让步，再便宜一点不行吗？"这个时候我会回答："您可别这么说，我赚的每一分利润中都有您的利润。"

话虽如此，这套说辞在实际商务场合很难奏效，生意场需要"生意观念""经营理念""合理价格观点"。生意公之于众，强之于民。竞争对手如果降价，损害的是社会利益。我的定价合理公道，从社会立场出发，即使有所犹豫，我们也要咬牙坚持。

有这样理念的公司还不算多。即使是大型企业，一旦有人降价，自己也想降价，这也是人之常情。虽然不愿意降价，但是不降价就卖不出去，所以只能不得已而为之。

之前，其他公司降价，松下也会遭遇销售危机。但是这种危机都是转瞬即逝的。长此以往，降价的企业就赚不到钱了。松下集团始终秉持合理定价、优质服务的理念，神奇的是客户们也都认同我们的观点。

我很庆幸自己始终坚持着合理定价的原则，带领公司发展到了今天。不知从何时起，我已经把这一点作为公司发展的重点。

我也会经常向客户介绍自己的观点。十几年来，越来越多的客户认可我的想法。当然，有的同行会认为"那是你的事，我们可不那样做"，无视合理价格的重要性，所以企业发展受到影响。

不断追求"适合"

　　合理定价对企业至关重要，因为其中包含四个方面的利益，只有坚持自我，不随意修改定价，才能维持价格在合理区间波动。相反，如果觉得商品降到半价还能赚钱，以自我利益为中心来思考，企业的立场就很难保持稳定，结果别人一砍价，自己就主动降价，最终陷入恶性循环。这就是以自我为中心思考问题的恶果。降价会影响国家、社会的发展，同行也会受到影响，自己更不会好过，最终自食恶果，这个道理很简单，这里我就简单略过。

　　我觉得这种思维方式很重要。作为生意人，必须权衡各方利益才能得出结论，并在结论的指导下为国家经济发展做出贡献，这对经营者来说十分重要。换句话说，即使有人砍价，商家也完全可以回答："不能便宜，为了你的利益我也不能便宜。"

这种回答听起来很奇怪，但是了解了上面的原理也就见怪不怪了。只有自己信念坚定，才能坚持正确的做法。当然这种婉拒可能失去客户，但更多的客户会认同自己的观点，选择购买产品。

合理利润的判定十分困难。制造一件商品，到底一成利润合适，还是两成利润恰当，判断失之毫厘，价格就会谬以千里。1 日元的商品卖到 1.15 日元，如果这个利润区间处于合理区间，那么 1.15 日元就是合理价格。如果定价高达 1.3 日元，超出合理区间，这就不是合理价格，是"笨蛋"定价，也不会有顾客来问津。判定合理价格是困难且重要的，经营者必须多方位思考。

难归难，经营者必须不断寻求合适的定价方式，因为些许失误就会影响事业的发展。综合考虑各方因素进行合理定价，这是衡量经营者的标准之一。

亏损的公司应当受到处罚

　　企业如何看待合理定价呢？日本政府的口号是"大家要便宜"，希望企业薄利多销。薄利多销听起来很有道理，但是真正通过这种方式成功的人都是资本雄厚的企业。薄利多销其实是对资本的滥用，当代资本主义的发展不可滥用资本。五十多年前的资本主义时代是薄利多销大放异彩的时代，但是薄利多销并不符合当前阶段的需求。

　　倘若企业真的听信政府"薄利多销"的口号，产品卖得越便宜，政府就越头疼，因为政府的税收将大大下降。几十万的从业者、千亿美元的营收，这样规模的行业过去十年却一分税都没有交。国有公共企业的收益可以进行投资，盈利也不需要交税，但是股份有限公司却不可以。国有企业赚不到钱就不用交税，国家还会提供巨额援助，以养活几十万从业者。我们不是为了批评谁，相信各位都清楚，日本经济存在许多问题。

这种现象在各个行业广泛存在，请大家仔细回忆一下，过去十年间公司是否按时交税，有没有成为国家的负担。我们一定要有清醒的认知。

提高生产效率，创造剩余价值，将剩余价值以税金的形式补充国家经费，这是盈利公司应当履行的义务。如果公司赚不到钱也不交税，就必须交由国家经营，实现行业的共产主义。

真到了这种地步，企业经营就失去了乐趣，所以我认为自由经营企业是必要且必需的。自由企业才能带来利益，至于盈利的一半是否还要上缴国库，我们只能默默期待政策变化了。还有一点，亏损的公司必须受到处罚，也许有人会觉得"你赚钱了才这么说吧"。答案并非如此，企业如果一直亏损，不向国家缴纳税款，国家其实应当放弃甚至处罚这种企业。现实当中却恰恰相反，"那家企业亏损了，真可怜"，亏损的企业反倒获得了更多同情。企业要合理获利，经营者要有正当行事的觉悟。

过度竞争

最近，我经常在报纸上看到也切身感受到过度竞争的情况。竞争可以增进技能，督促各方进步，但是过度竞争会造成恶果，而眼下日本的竞争已然呈现白热化趋势。

几天前，我在美国曾经提过无论是日本还是美国，现在都面临过度竞争的威胁①。过度竞争到底是好是坏呢？当然是坏，还会引发各种问题。国与国之间如果过度竞争，最终的结果是战争。全球人民向往和平，拒绝战争，竭尽全力避免战争冲突。

避免过度竞争，保持和谐共处，这是一种新型国际关系思维。企业与企业之间，行业与行业之间也是如此，竞争可以，但不能过度竞争。

---

① 1963 年，松下幸之助受邀作为特别演讲嘉宾参加了由国际经营科学委员会（CIOS）主办的第 13 届国际经营会议。

前几天，我遇到了一位美国大型公司的社长，交谈时谈到了过度竞争，对方表示："你说的我很理解，不过这是不可能的。"我追问："为什么不可能呢？"对方回答："人嘛，有钱还想更有钱，过度竞争自然无法避免啦。"

虽然过度竞争的负面效应有目共睹，但是随着业务的扩大，人的本性驱使经营者继续扩张。赚到了钱就还想赚更多，即使陷入过度竞争也要胜利。这是人的本性，只要本性存在，过度竞争就不可避免，人在本性面前是无能为力的，这是这位美国公司的社长的观点。

我并不认同他的看法。如果说过度竞争是不得已而为之，那么国家也可以宣称自己"不得已"参与国际竞争，也就意味着国家可以"不得已"发动战争。全球人民都在努力争取和平，避免战争，经营者不也应当竭尽全力避免过度竞争吗？避免过度竞争需要我们共同努力，应该深刻蕴含在经营理念之中。企业经营不能放纵个人的本能，应当驱动理性进行判断，这是经营者的责任所在。

到目前为止，行业一直处于正当竞争状态，何时会发生过度竞争其实很难判断。虽然很难，但是经营者有责任去判断并规避过度竞争，没有这种意识的经营者就不是称职的经营者。再加上合理盈利，可见在当今时代，经营者肩负了多重责任。

人人赚钱

今年七月我在美国的时候，报纸刚好发布了美国高收入人士的数据。据说，去年美国收入超过百万美元的高收入人数是三百九十。一百万美元约为三亿六千万日元，也就是说三亿六千万日元以上的高收入者，美国竟然有三百九十人。

那么日本的情况如何呢？日本只有我一个人，日美两国的百万富翁之比是一比三百九十，简直是天壤之别。美国百万美元以上的高收入人数是三百九十，日本的人数哪怕是美国的一成，也就是三十九个也说得过去，实际却只有一个人。这个人还是个老头儿。这就是美国和日本的真实状态。

美国有钱人很多，他们怎么赚钱呢？正好当时我要视察几家工厂，就拜访了一个轻工业工厂，调查了一下普通女工的收入。调查对象并不是熟练工人，而是毕业不久刚刚工作两三年的工人，她一个月的收入相当于十万到十三万日元，熟练工的收入更高，收入最高的是特殊技术人员。其他人士暂且不谈，轻工业普通女性工人的工资在十万到十三万日元之间。

与此形成对比的是，日本轻工业女工的基本工资大概是一万四千日元。当然除了工资，员工还享受半年奖金、退休津贴、家庭补助和通勤补助等福利，平均到月的话，虽然各个公司间存在差异；基本工资也会有一点五倍左右的上浮。平均一万日元的工资，企业需要额外支出一万四千到一万五千日元。这样算来，日本女工的工资大概是三万四千到三万五千日元。

同样的工人，日本的工资大概是三万四千到三万五千日元，美国的工资大概是十万到十三万日元，美国的工资水平是日本的四倍左右。如果物价同样是四倍的话，换算下来倒是一样。我仔细调查了一下，美国虽然物价更高一些，但是经过换算，大概是日本物价的近两倍。也就是说，加上物价因素，美国工人的工资实际上是日本的两倍还多。

美国的普通女工赚钱多，经营者和资本家赚钱更多，而美国每年的政府预算高达三十六万亿日元，多到让人震惊。日本的政府预算也在增加，今年已经超过三万亿日元，美国的预算是日本的十倍。我始终对美国国家收入的体量疑惑不解，无论是个人还是公司职员，美国人的收入为什么比日本多这么多呢？虽然国民组成复杂，但是美国能有条不紊地快速发展，无论是资本家、经营者还是中间商，每个人都有可观的收入。这非常值得我们来探讨。

日本能否效仿美国模式呢？我认为不太可能。如果我们学习美国的长处，再发挥日本本身的优势，日本很有可能成为与美国并立的一流国家。而且日本是单一民族国家，按理说团结起来应该更加容易，但实际上，日本的企业连合理盈利的观念都没有，要想发展到美国的状态，还需要相当长的时间吧。

这仅是我个人见解，希望大家不要照本宣科，要结合实际情况灵活应变，体味经营的妙处，相信结果一定不会让大家失望。

劳动力不足

日本有着两千多年的历史，早在明治时代的1912年就已经跻身世界五大强国之列。在外国援助下，日本迅速复兴取得了今天的成绩。这十分不易。成绩是一把双刃剑，悠久历史滋养的日本精神就是这一点的最好证明。

我们要清楚地意识到，积极学习外国的先进技术可以为日本发展蓄积力量。开放经济之下，我们要怎么做呢？我的答案是去寻找方向。现在，日本面临严重的劳动力不足问题。迄今为止，日本的发展主要依靠人海战术。工厂再多也招得到工人，所以产量不断增长。但是，劳动力数量不断减少，现在工厂面临用工难的问题。

山上开了旅馆需要人，镇上的一些工人就会流动过去。原本工厂劳动力充足，这下工人不够了，部分设备只得停工。设备停工也需要费用，成本高了，东西就贵了，物价开始上涨。现在的物价上涨正是劳动力不足引发的。我们必须关注这一问题。

劳动力问题对于控制物价上涨具有重要意义，其实，我对此有些疑惑不解。池田首相高度关注人才的培养，但是对如何增加劳动力还没有拿出什么好办法。最后各个企业只能采取"抢人"策略。结果，劳动力市场出现过度竞争，这是一个非常严峻的问题。

在开放经济下，经营者要想得更多，做得更多，脚踏实地做事，勤勤恳恳努力，这样才能避免企业在发展中受挫。我认为各方要达成共识，以现在的发展为基石，努力持续取得进一步的发展。方向的选择是我们不可逃避的问题。我的发言到此结束，非常感谢大家！还有一点时间，如果大家有问题可以自由提问。

用人的诀窍是只看优点

提问者：会长先生，听说您在用人方面很有心得，能否介绍一下您的用人诀窍呢？

松下：感谢提问，用人方面我确实有些心得，但是三言两语很难介绍清楚。正确答案其实很简单，就是要真心实意。

据说，很久以前，释迦牟尼佛观人说法时从没有给出过同样的建议，对这个人是这种说法，对另一个人则是完全相反的说法。有趣的是，虽然建议不同，但每个人都可以消除烦恼。当然，这是佛祖才能做到的，我们凡人仿效不来。

如果说我有用人诀窍的话，我认为答案就是诚心诚意对待每个人，尽量多发现每个人的优点。举个极端的例子，太阁丰臣秀吉和明智光秀同时评价织田信长，丰臣秀吉发现信长的优点后始终瞩目于此；而明智光秀虽然对信长的诚实守信有所耳闻，但只看到了他的缺点。丰臣秀吉发现了信长的优点，与之产生共鸣。明智光秀发现了织田信长的缺点，总想帮助他改正。对于织田信长来说，哪种做法更令他高兴呢？有人会觉得别人的意见十分宝贵，但信长认为挑毛病的人是在摆架子，鸡蛋里面挑骨头。丰臣秀吉的夸赞让他飘飘然。别说是织田信长，换成谁都会高兴，不需要对方多么花言巧语，只要他关注了自己的优点，两人就可以成为知音。

每个员工都有优点和缺点。只看一个人的缺点，我可能会头痛不已，对方也会因为被指出缺点而心生不快。如果我们看到员工的优点，发现他的高明、有趣之处，事情则会截然不同。冷冰冰的一句"你照做就行"，对方可能只会回复"知道了"，然后继续麻木工作。

用人之道在于真心实意。学会发现员工的优点，你就会找到更多的人才。我本人也是如此，我向来只关注别人的优点。因此，我觉得工作总是很顺利地推进。当然也会有失败的时候，只看优点不看缺点也会招致失败，经营者也要适当注意员工的缺点，两者的比例大概是四比六，缺点占四分，优点占六分。我始终相信身边的员工都很能干，有人则正相反，不相信员工，觉得每个人都挑不起重任。用人的诀窍就在于对员工的看法，还要注意发挥每个人的特长。

拒绝债务

提问者：人们常说"名古屋人非常讨厌借钱"，之前我听说过一句话，叫"讨厌借钱就干不成大事，必须向银行多多借钱"。对此，会长您怎么看？

松下：我的观点恰恰相反，心中必须有借款的上限，企业经营不能全然靠借款。

名古屋人讨厌借钱的个性正好和我"不谋而合"。这个理念值得鼓励，我相信东海银行也乐于借贷给我这样的人。这样，有利于推动企业发展，不重蹈借贷的覆辙。

为何美国发展起来了

提问者：美国赚钱是不是因为美国资源丰富呢？

松下：美国资源的确很丰富，你的想法有一定道理，但是我并不这样认为。从资源总量来看，印度、苏联，甚至南美洲的国家要更多一些。尽管如此，美国经济却取得了快速发展，这说明资源不是发展的决定性要素，关键在于美国民主主义政治的经济特性。

刚才没有时间，所以我没有说，我希望可以补充一点，那就是美国的民主主义既不浪费时间也不消耗金钱，完全是无成本的，也是美国发展的关键所在。

然而，日本却把民主主义解释为需要大量时间和金钱的政治经济活动。日本的观点是，民主主义虽然好，但需要消耗金钱和时间，没有办法实行。其实这种观点根本就是错误的。

何为幸福

提问者：会长，您认为什么是幸福？

松下：人的幸福吗？这个问题很难呀。什么是幸福呢？虽然我的答案并不一定全面，但是我认为应该有两点：一个是主观的幸福，另一个是客观的幸福，两者本质一致。先要主观上觉得幸福，但是每个人的幸福观都不一样，客观上认定幸福也很重要，如果两者一致，那就一定是幸福了。这就是我的回答，可能有点简单，非常抱歉。时间到了，今天的答疑就此结束，谢谢大家。

东海银行经营咨询所　经营演讲会

1963 年 11 月 8 日

东海银行总行（爱知县）

第三章

开放经济之下的经营

·多元化经营并不一定是最佳选择。综合考虑公司业务、人员构成、经营者能力等要素，有时需要将公司一分为二，细化经营，才能在开放经济的大环境之下更好地进军国际市场。

·经营者不可缺少的条件包括基于自身体验的开阔见识、专业素养、直觉、瞬间决策力、执行力等。经营者既要提升自己的能力，又要承担起将这些经验传承给下一代的责任。

·保持适当的盈利，这既是企业的义务，也是企业社会性的体现。

直到站在讲坛，我才确定今天要说的内容。我提前整理了一下演讲的提纲，但是与今天的内容并不会完全一致。提前准备是因为我脑子并不灵光，经常提笔忘事，张口忘词。下面我将就今天的主题谈谈自己的观点，感谢各位的聆听。

经济急先锋

听了堀田先生①的话，我有同样的感受。勇气，不只在于全体国民，如果企业人士缺乏勇气，国家必然一事无成。今时今日，我最为认可的就是执行力的重要性。

近来，政府收到了各方的诸多诉求，但是有多少要求是可以解决的，我认为可能少之又少。说句题外话，不知道各位平时的习惯如何，我经常反省。我们每天都有很多想法，但是付诸实践的又有多少呢？

从两三年前开始，日本步入开放经济时代。官

---

① 堀田庄三（1899—1990）时任住友银行行长。研讨会当天，堀田庄三在松下幸之助之前发表了题为《国际经济人的觉悟》的演讲。堀田认为，世界经济的大趋势是自由化，债台高筑的日本企业应该停止盲目的扩张，认真解决问题，日本最需要也最缺乏的就是勇气。

方进行了多重解读，顺应开放经济体制的要求，各行各业采取了很多措施。但是说实话，我对当下的开放经济体制并不乐观。开放经济的发展并不顺利，频发的各种问题将影响开放经济以理想的形式发展，未来更加需要完善的国家机制和国民心理建设。

现在的国家机制和国民心理方面还存在很大落差。通观过去两三年和当下的日本议会发展，我认为政府完全没有体现出大力发展开放经济的意思。开会的时候，议会的确在讨论开放经济，但是嘴上喊的号子并没有体现在实际行动中，嘴上说一套，实际做的却是另一套。政府的工作、议会的讨论、行政的运行，甚至包括企业的发展，都没有体现开放经济发展应有的觉悟和动作，我认为这存在很大问题。

从企业经营者的角度来说，国家这种做法真的可行吗？对企业发展而言，当下推动开放经济发展的力度很大，但是这种大只是相对的大。要说发展的状态是否正常，形态是否合理，答案可能值得商榷。

要想推动开放经济发展，取得实实在在的成绩，政府、企业和广义上的劳动者就必须融为一体，群策群力。少了这种合力，经济的发展很难取得显著成果。

那么，三者合作的理想形态是什么样子呢？就算不能完全达到理想状态，三者是否一定程度上可以合作发展呢？目前来看很难实现。长此以往，发展只会陷入恶性循环。企业必须充当急先锋的角色，政府在后方提供强有力的支援，广大劳动者一呼百应，各方共同携手，才能推动开放经济发展。

今天的白滨研讨会中聚集了各行各业的英才，虽然目标各异，但是大家畅所欲言，探究成功之道，这也是召开研讨会的目标之一。

时间有限，可能我们难以谈及具体的细节，但是希望大家可以意识到一点，现在各行各业还是单打独斗的状态，我们必须找到实现共同发展的最佳方法。具体的例子可能没有时间详谈，但是我可以明确地说，现在行业发展的状态并不乐观。

这是我基于个人经验和直觉得出的判断，只是我个人的推断，有很强的主观色彩，如有唐突，请各位多多谅解。

日本经营者劳心劳力

联想到当今的形势，结合日本经营者的现状，我认为日本的企业经营者要更加劳心劳力。和国外同行相比，日本的企业经营者在很多方面有所不同，需要付出更多心血。当然，堀田先生今天在场，这么说可能有些失礼，但是追求高利率也是日本经营者奔波忙碌的原因之一。另外，和国外相比，日本经营者与政府的交往程度和交涉效率都需要提高。

当然，到底情况如何，我们很难得出统一的结论。其他例子我不太清楚，只能从美国等国家的传闻来推测，诸如"现在不去东京就办不成事"之类的情况，美国等国家大概是没有的，他们可能觉得，这点小事打个电话完全可以解决。从这一点来说，日本的情况确实有待改善。当然，不去东京不一定办不成事，只是需要的时间要多很多。

和美国等国家相比，日本的劳资关系更为复

杂。就一年一度的"固定斗争"来说，日本的"春斗"①也更加激烈。美国等国不是没有罢工，也经常发生罢工，但诸如前几天钢铁行业罢工那样的大规模罢工可能三年一次。员工每三年要求涨一次薪，三年罢工一次。企业只要满足了员工需求，涨一次薪，便可无忧三年。从这一点来考虑，如果劳资问题不能重回正轨，相比美国经营者，日本经营者将更加辛苦。

还有一点，正如堀田先生所言，说到责任，日本经营者的立场更加艰难，其收入寥寥可数。像堀田先生一样，有些经营者还没有购买房产，而是住在公司宿舍，其居住环境并不尽如人意。这可能是收入少，税金高的缘故。综合各方面考虑，与美国经营者相比，日本经营者处境更加艰难。

然而，日本的现代产业非常发达，甚至到了令外国人惊讶的程度。这简直不可思议。刚才堀田先

---

① 日本工会每年春季组织的为提高工人工资而进行的斗争。
——译者注

生也提到，日本人勤劳肯干，素质高，这种产业奇迹就是最好的证明。日本人的这些优点发挥了巨大作用，推动日本产业在困难中不断前行。这是不争的事实。而走在最前面的正是日本的企业经营者。我提到，日本的经营者处境并不乐观，尽管如此，经营者们依然奋发图强，团结协作，面对诸多不利局面克服了种种困难。

如果不这样，各位经营者工作起来将更加疲惫。即使不是疲惫，也可能因失去工作价值，逐渐败下阵来。可能有人会说："没有，我们没有那种时候。"也许在座的各位并不会这样，但从最广泛的多数群体来看，经营者当中，有人或多或少都有"思想倦怠""太无聊"的感觉。这可能导致巨额经济损失，所以这个问题十分重要。

当然，每位经营者都要努力提升员工待遇，改善员工生活水平，也要为改善自己的处境而不断奋斗。这将成为日本开放经济发展的巨大助力。抛开这些重要问题，只在口头上喊喊开放经济的号子，号召大家为之奋斗，我认为不会取得真正有效的成果。

合并与多元发展能否提高效率

最近，人们频频提及开放经济下的经营合理化，而经营合理化必须保持适当的规模，在具体实施过程中，大家想法各异，行动不同。举个例子来说，现在没有一家船舶公司是赚钱的，企业经营长期低迷。为此，我们进行了很多分析，最终得出了一个结论，就是要合并，因为放任小型公司自由竞争，行业将无法发展。在我看来，多个公司合并后必须达到合理的规模，才能稳固实力，进而与海外船舶公司竞争。这对日本产品出口、汇率稳定至关重要。当然，我不是船舶专家，但是在我看来，当下日本船舶行业需要这样变革。这种做法是否适用于所有行业呢？我认为答案并非如此。

外国公司的资本是日本公司的十倍，日本公司只有对方十分之一的资本和规模，怎么努力也不可能获胜，所以现在的通行做法是把三家或者四家公司合并。扩大规模，增加竞争力势在必行，但是事情并不这么简单。就我个人感受而言，公司规模大了，效率就一定高吗？我认为并非如此，比如只要增加部门，是不是就实现了多元发展呢？

最近，证券公司的人常来说服我购买股票。"松下先生，买些股票吧。""为什么推荐这只股票呢？""因为这家公司采取了多元化发展策略。""什么是多元化发展呀？""就是一个部门亏钱了，其他部门依然赚钱呀，公司收支始终可以保持平衡，所以买下这只股票是最好的选择。"也许这种观点确实是对的，但是我对此依然持怀疑态度。

细化分工，扩大经营

即使公司规模扩大，发展趋向多元化，社长还是原来的社长。就算公司规模很小，社长也是从早忙到晚，甚至忙到深夜，十分辛劳，还要在忙碌的工作中发现各种好点子，这简直难上加难。在原有基础之上，继续增加业务，社长更加难以面面俱到，所以公司真的强大了吗？如果公司最高决策者全知全能，也许完全没有问题，一般人的能力是存在上限的。

在我看来，扩大规模、多元化经营并不是最佳选择。也许有的公司确实由此走上了发展的"快车道"，但是有的公司要综合考虑公司业务、人员构成、经营者能力等要素，应当慎重扩大规模，有时甚至需要将公司一分为二，细化经营，才能在开放经济的大环境之下更好进军国际市场。

之前，我去美国的时候有一个直观感受，在美国，即使是大型公司，其业务范围也比较有限，很少有公司铺开摊子经营。或许有的公司规模很大，但就我们这个行业来说，公司业务一般都比较单一。比如美国只有两家各类电器、重型电机的综合制造商，其他都是专业制造公司。收音机是收音机，电视机是电视机，一家公司很少开展其他业务，而是在电视、收音机"赛道"上不断前行。可能是因为这一点，即使人工成本高昂，企业也能发展下去。

日本则恰恰相反。加上重型电机，日本共有五家综合电机制造商，每家企业都是既生产重型电机，又生产家用电器和弱电设备。日本市场有限，真的需要五家综合制造商吗？ 如果和美国方向相同的话，我认为完全不需要。

现在企业发展的一种方式就是增加品类，拓展业务。为了扩大规模，增加多少都在所不惜。如果精简业务类型，纵深拓展几项业务，公司规模扩大十倍也不成问题。但是从日本的发展走向来看，虽然并非全部如此，但是现在经济界流行一种风潮，就是把公司规模扩至三倍，同一个领域也要分成三样，不断增加业务类型，直到扩大到原来的三倍左右。对此，我十分疑惑。

前面我也提过类似的观点，可能有人就要问我了："松下，那你怎么样？ 你最近不也做了很多事情吗？ 看看，这和你的主张不是冲突了吗？"可能看起来的确如此，松下集团的业务有增多的趋势，但是就我个人而言，我正在努力精简业务。部门数量刚有增加的苗头，我就会有意识地进行削减。当然，松下集团也有弱项部门，但是我们会努力将每个部门打造成专业制造者，我不会为了私心增加业务种类、扩大公司规模，做就要做深、做好，然后再批量生产，扩大规模。

即使有这样的想法，公司的部门增加也不可避免。外行人可能认为部门的增多意味着公司业务增加，但是实际上这是一种非常危险的状态。

一品全球决胜负

开放经济之下，企业需要考虑如何合理经营、控制规模，或者通过合并、拆分等手段，与国外企业竞争。多管齐下，资金必然不能全部覆盖。为了在国际竞争中占据有利地位，企业应当专注于一项业务，舍弃其他冗余。如果不舍得放弃，可以拆分业务，成立多家公司，每家公司专注一项工作。一心一意是日本企业的法宝，这曾经是日本企业独有的优势，但是今后全球企业可能都会采取这种策略。这种产品在日本畅销，在国际市场上就只卖这一种。基于这种专注理念而制定各种计划，采取各种策略，即使不增加资本，企业业务也可以顺利发展。这才是企业发展的正解。

当然，如果固守这一策略，客户可能会认为"这家公司只有一种产品，如果既有这个，还有那个的话就好了。只有一种我就不买了"。这样，公司的营销可能受到影响，这种现象在日本企业中比较普遍。

在我看来，这种影响不可避免，但是经营者能否抵住影响呢？客户随口说有三种产品就下单，所以企业就要推出三种产品吗？经营者如果放弃这种幻想，专心只做一种产品，就会从全球角度考虑如何优化产品的每一个细节。面对这样的优良产品，客户是坚持"只有一种产品，还是在其他地方下单"，还是觉得"虽然只有一种产品，但是它非常完美"而火速下单呢？这就是买方和卖方的交涉了。

如果是我，我会选择专注于开发一种产品。虽然只做一个种类，但是不进行品质改善，产品也会逐渐被淘汰。集中全公司之力优化一种产品，将其技术含量和生产工艺都提到很高的层次，加上合适的定价，企业获得的收益将远高于盲目的规模扩张。这也是我最近的个人感悟。

经营者的五个条件

各位都是企业经营者，我对经营者的批评可能会引起不少人的反对，但今天是研讨会，请允许我畅所欲言。

企业经营是一种体验。基于这一体验，或者从体验以外的角度来考虑都是可以的，我认为对于经营者来说，专业知识不可或缺。除了专业素养，经营者还要有经营者的眼界。这至关重要。

直觉也很重要，还有瞬间的决断力和执行力。做出了决断，如果缺乏执行力，依然会一事无成。当然，勇气也是必不可少的，没有勇气就无法付诸实践。

这就是我认为经营者不可缺少的五点要素，实际还有很多其他要点。五者之中最有意思的就是直觉。直觉至关重要，它会在很多情况下向我们发出预警，可以说，缺乏直觉的经营者难以成就大业。

科学领域也是如此，科学家缺乏直觉将难以取得重大学术成就。牛顿看到苹果掉下来，由此发现了万有引力定律。无论是科学家还是普通人，都可能目睹苹果掉下来的场景，只有牛顿对此感到疑惑，最终发现了万有引力定律，这就是直觉的力量。

当然有的原理是基于科学原理推导出来的，但是正如我刚才介绍的那样，牛顿看到苹果落地就联想到万有引力，这就是直觉的力量。直觉是所有工作、事业发展不可缺少的要素，对科学家如此，对经营者也不例外。经营者缺少敏锐的直觉，他的事业发展可能将很难尽如人意。

各位如何看待直觉呢？直觉往往说不清道不明，品读个中妙味，顿觉趣味丛生，虽无形却提供了实实在在的力量。我向大家展示一件古董，估计很少有人看了就能明白其中的价值，但是文玩店就可以做到，还可以鉴别古董的真伪。只有经过长年的经验积累，古董从业者才能学会鉴别真伪，从事这一行业的生意。

即使可以鉴别真伪，古董的估价依然很困难。实物摆在眼前，到底是百万价值还是千万价值，一念之差将差之千里。作为普通人，我们连真伪都难以鉴别，更别提了解古董的种类了。随着经验的积累就会培养出直觉，这种直觉就是鉴赏力，这也是古董店成败的关键。

观察、鉴别生意如同鉴宝，判断这笔生意到底能否成功，这是企业经营者必备的素养。当然，判断一笔生意到底能否增加业绩，取得成果，是否合理，我也是在实践中一次次跌倒后才学会的。

开阔的见识、专业素养、直觉、瞬间决策力、执行力，经营者在不断提升自己能力的同时有责任将这些经验传承给下一代。经营者的决策不能只依靠直觉，我们尊重直觉的力量，但是不能止步于直觉。正如前文提到的那样，直觉是对现实的直观感受和深刻理解，我们要不断积累经验培养直觉。

获得合理利润，保持社会属性

企业的社会属性和盈利情况一直是热门话题，引发了公众的广泛讨论。单单看到"企业的社会属性和获得利润"几个字，想必大家都明白其中的含义。舆论的观点不一，有一种观点认为企业的社会属性十分重要，企业不应该把重点放在追求利润上。不少报纸和杂志也报道了类似的观点，虽然内容可能并非如此，但是看到这种标题，我们就能体会到其中的恶意。这体现了行业的弱势地位。

在我看来，保证合理的盈利既是企业的义务，也是企业社会属性的要求。从企业的社会属性来看，过度盈利确实并非其本质，有人认为，只有合理盈利才能赋予企业社会属性。企业获得了合理利润，接下来会怎么做呢？当然是将合理利润的一半上缴国家。国家将其用以修建人人都可以使用的各种设施，或者用作社会保障资金或其他用途。

合理盈利是企业的义务，将近一半的盈利将上缴国家，个人不可从中牟取暴利，这明文规定的行为。在我看来，舆论需要了解企业合理盈利对于企业社会属性的重要意义。最近，哈佛大学发行的经济杂志开展了一项问卷调查，调查对象是企业经营者，调查内容是今年企业的发展目标。大多数的回答是提高企业的利润。虽然没有写明这种利润是不是合理利润，但也从侧面证明了美国企业对于合理盈利的关注。

这样来看，我认为把"谋求企业的社会属性和盈利"这句话改成"获得合理利润，从而保持社会属性"更为妥当。企业必须思考这个问题，否则整个国家会逐渐衰退。近来，日本企业鲜有蓄积自有资本的问题，也是这一现象引发的结果。

自有资本还是对外借款

演讲前，我拜读了一下长谷川先生 [①] 的资料，发现了一件有趣的事情。日本的税率在全球都处于较高水平，所以使用股票资本作为自有资本必须缴纳大量税款。即便只用一成盈利分红，企业利润也达不到百分之二十五，可见日本税率之高。但是如果用借款取代股票资本，通常只需要还款百分之八即可，而且借款会被视作亏损金，纳税也会降低。相比增加自有资本，很多企业干脆选择通过借款的方式来赚钱，甚至从银行贷款到上限额度。好在日本的银行对于企业贷款很积极，贷款经营已经成了日本企业的常识。

使用借款代替自有资本，这样的企业能否赢利呢？我想答案是肯定的。与其自己出资十亿日元，

---

① 长谷川周重，时任住友化学工业副社长。

还不如自己出五亿日元，从银行再借五亿日元，这样五亿日元的借款利息就是企业的亏损金。减少纳税，五亿资本之于本金的利润率就会大幅提高，这是不争的事实。

所以，日本很多公司纷纷选择借款经营，按道理来说这样的企业利润应当更多，但是从长谷川先生的资料来看，当然这只是化学公司的个例，反倒是自有资本多、借款少的企业盈利更多。这又是为什么呢？我想原因在于借贷经营的企业自认为有了依靠，经营散漫，所以利润减少了。这一结果引人深思。

当今社会，大部分日本企业靠借贷资本来发展。有了借款，日本企业的资本金远超美国企业，但是盈利却不如预期，因为资本借来容易，很多企业开始挥霍资金，所以悲剧发生了。当然，并不是所有企业都这样，至少部分企业存在这样的倾向。日本企业必须重新评估银行借贷的价值，虽然成本更高，但依靠股票资本经营能够让企业更加珍惜资本，上设备时也会更加慎重。这种珍惜的观念十分重要。

最近，越来越多的人认为企业应当减少借贷，依靠自有资本运营。这种观点今后应该继续普及，刻不容缓。另外，我认为银行应当收紧放贷额度。离开借贷，银行还有很多其他赢利的渠道。我希望银行经营向更加合理化的方向转型，这也是开放经济的必然要求。当然，不能因为我说了这些话，银行就说："松下先生，既然您这么说，我可不能借给您钱了。"那可就麻烦喽。

随着人们想法的转变，有朝一日，如果经营者都认为借钱吃亏、浪费可耻，那么企业的发展将进入全新轨道。

出口才能保证赢利

　　关于出口海外，日本企业有这样一个共识：必须向海外出口才能赚取更多外汇。在这点上，政府和企业的想法完全一致。但是为了出口赚取外汇，需要学习很多知识，很多时候，这样做在日本可以赚钱，在国外却不奏效。促进出口是国家发布的政策，即使不赢利，也要努力出口，这已经是行业共识。

　　出口越多就赚得越多吗？有时确实多一些，但并不是一定能赚到钱。对于出口，虽然和广告宣传不尽相同，但是松下集团始终坚持一种观点，就是在国内赚一成的产品，走出国门，我们只赚一成二，否则我们将寝食难安。国内的客户都是常年往来的伙伴，一直保持着密切往来。多年的贸易往来成就了今日的松下，如果高价卖给国内顾客，低价卖给海外顾客，除非有着特殊的原因，不然我绝不容许这样的事情发生。

我还想说一点，如果一款产品在国内都不赚钱，就不应该将其出口到海外。只有出口盈利的产品到国外，出口数量才能不断增加。松下集团的出口量每年增长百分之三十左右，去年的出口总额为二百二十亿日元，超过日本国内贸易总额，再加上政府的优惠出口政策，出口所得超过了国内收入。

但是，坚持这种做法的企业并不多。一般人都会觉得，产品到了海外，稍微便宜一点才能打开市场。我要打破这种惯性思维，所以一直告诫员工不能这样做。

在日本，高中生一般在毕业后五年左右就可以从事推销工作，但是在国外，员工工作五年后根本不能独当一面，至少得在大学毕业后锻炼十年左右才能胜任工作。这无形之中增加了用人成本。从这一点来说，我们就能理解为什么必须提高国外市场的利润了。这是显而易见的。这些话讲给海外员工后，他们就会觉得"原来如此呀"。接着对他们说："你们如果认可的话，就努力去推销吧。"那么，他们很有可能开辟出一片崭新天地。

海外消费者十分信赖松下的商品，我们也不会因为争夺客户或参与竞争而刻意降价，为了销售而故意亏损，所以海外消费者对松下品牌高度信任，产品销量也十分稳定。消费者买得放心，我们卖得安心，海外市场不断扩大，实现了难得的良性循环。

因为赚取外汇、出口海外是政府倡导的政策，所以故意低价在海外市场销售。并不是不能理解这样的说法，但这样做的结果就是企业陷入"价格战"，被迫参与过度竞争。海外消费者买了一次就再也不买了，结果事与愿违。

有了这样的前车之鉴，再基于个人的经验，进行海外销售之前，我都会反复强调不能打"价格战"，越是海外市场，我们越要通过正规途径赢利。这是政府的方针，也是我们企业的准则，因此，外国消费者才放心购买产品。

分工降低成本

我想谈谈日本国内的分工问题。就算是同行，也没有必要什么都自己生产，我做得更好的部分我来做，你做得更好的部分则由你来做，由我来协助。在开放经济之下，企业应当脱离原有的竞争状态，相互融通，科学分工。这样才能降低成本，国际分工亦然。

举个例子来说，日本小型冰箱的产量很高，价格也更便宜，那我们就把小型冰箱做到完美，然后出口到海外市场。大型冰箱可以依靠进口，与美国的冰箱公司进行协作。这种模式是否成功还不得而知，但是作为国际分工的一个典型案例，我认为很值得推广，日本没有必要生产所有产品。

在日本生产具有优势的产品，那些与自己生产相比，在国外购买更划算的产品就到国外去进口。业务串联起来，双方都可以赚钱，实现共赢。很多国家的行业分工已经取得了成果，要做就要做到极致，日本国内的分工还要更加彻底一些才行。

分工需要双方的理解才能实现。不少日本的顾客一旦看到松下产品上有竞争对手的标识就会说，"松下公司也不行啊，这点东西都做不出来，不能买呀"。这就对企业信誉产生影响，所以分工需要各方的共同理解。

外国企业在这方面做得不错。比如通用电气（GE）的产品上会有"西屋"的标识，消费者们早已对此见怪不怪。这才是明智之举，也从侧面印证了日本消费者和社会落后的一面。行业分工在美国推行已久，行业融合也更加紧密，因为消费者不仅不会抱怨，甚至会夸赞产品。

同样的情况在日本却会换来一句"企业不行"的评价，所以日本的行业分工迟迟没有进展。有时就算要亏本，企业也要自主生产整个产品，进而导致不断增加部门，企业臃肿。要真正提高日本经济水平，一定要广泛宣传分工的效益。我的演讲时间到了，虽然意犹未尽，但是请允许我结束今天的发言，谢谢大家！

生产性关西地方总部·关西经济同友会·
第二届关西财界研讨会
1964 年 2 月 13 日
白滨太平洋酒店（和歌山）

第四章

如何应对经济国难

·开放经济其实就是经济国难，我们必须做好心理准备，随时可能看到劳动者等"相爱相杀"、相互倾轧的场景。

·企业汇聚天下之财，人才济济，如果没有任何产出，就会成为政府乃至社会的心头之患。企业合理盈利的意义就在此。

·公司发展顺利与否完全是由社长一人决定的，与专务、常务等人没有关系。社长必须清楚自己的职责所在。

大家好！非常高兴见到各位，参加今天的会议，与各位畅所欲言，开诚布公地交换意见，我感到很荣幸。

我先谈谈自己的观点来抛砖引玉，之后留出大部分时间进行答疑。今天是与各位经济精英分享观点，进行思想碰撞的一次宝贵机会，如果我的观点有所冒犯或者不合时宜，敬请见谅，我希望今天能与各位真诚地交换最真实的想法。

培养开放经济觉悟

对于日本人，尤其是日本经营者来说，如何应对开放经济的发展至关重要。这个问题在很久之前就引发了争论，想必对于"开放经济"这个词，大家耳朵都要长茧子了吧。

话虽如此，实际上，日本开放经济的发展长期处于停滞的状态。这样真的好吗？大家觉得好吗？希望今天我们的讨论也可以掀起一些波澜。

开放经济不能只是喊喊口号而已，实际上什么都不做。从企业发展的角度来说，经营者先要有这样的意识，然后制定具体方案，企业内部进行决策，之后向内部员工进行宣传，最后进一步向外部传播。宣传对于开放经济的发展是必不可少的。

政府也是如此，既然提出实施开放经济，那么能否把应有的姿态、政府期望的态度更详细、具体地展示给我们呢？

实际情况并非如此，政府也好，经营者也罢，大家只是喊喊开放经济的口号，并未考虑具体应该怎么做，经营者的需求是什么。这才出现了眼下混乱的情况。

外汇储备不足的问题也是如此。目前，国内采取的是金融紧缩政策和提高利率的方式。但这是最近的措施，一年前的措施却完全相反。实施开放经济是三年前的政策。我认为开放经济的发展应当保持方向统一，取得了一定成绩，政府更应该保持政策的一致性，直到开放经济完全成功。

然而，现实当中，政府政策随着行业的发展时缓时快，对经营者来说，变幻莫测的政策让人时而喜悦、时而愤慨，时而安心、时而担心。我认为这种经常性的政策调整是对开放经济的轻视吧。

开放经济是经济国难

两年前，我和森下社长① 共同参加在大阪举办的"一日通产省"活动。听说通商产业省福田大臣也出席此次活动，想着通过这次机会可以表达自己的诉求，所以我们就一同参加了活动。在现场，我们提出了不少问题。

当时我的问题是：面对开放经济，我们应当如何进行思考。

我认为现在日本的状况就好比正在遭遇经济国难，历史经验告诉我们，面临国难危机，国民必须"执手而立，拿起武器，同仇敌忾，共同反抗"。

不过，这次的国难并不是战争。准确来说，日本现在遭遇的是经济国难，而我们又当如何应对呢？至少包括劳动者在内的商业人士应当做好心理

---

① 森下泰，时任森下仁丹公司社长。

建设，随时准备挺身而出。政府也好，企业也罢，各方都应当积极创造这样的社会氛围。然而，现实当中，这种情况根本没有发生。企业各自为政，一盘散沙，过度竞争愈演愈烈。虽然行业的发展离不开劳动者，但是雇佣双方的矛盾十分明显，各方完全没有"同仇敌忾、一致对外"的意思。

在这种情况下，我向福田大臣提问，日本将如何渡过这次经济国难呢？结果，福田大臣对森下先生的问题回答得很仔细，对我的问题就一笔带过。没有得到回复非常遗憾，我也只得悻悻而归。

此后，日本经济不但没有稳定下来，反而朝着更加混乱的方向迈进。物价上涨加上社会问题，民心惶悚不安，国内一片哗然。在我看来，为了克服经济国难，必须从国内整体发展的角度来考虑问题，劳动者不团结起来，危机就难以解决。其实，只要政府下定决心去做，危机就会有起色，渡过了国难，日本经济将进入全新发展阶段。

虽然渴望发展，但是努力的方向不是发展的方向，日本正在相反的道路上一去不复返。这种情况下还能建立理想的开放经济吗？我持怀疑态度。虽然想法各异，但是大家或多或少都有些顾虑和担心，所以今天我先抛砖引玉，提出自己的疑问，再听取各位的意见。

综合多元化与专业细分化

有人认为，为了发展开放经济，必须建立与之相适应的体制。我赞同这种观点，而且经营者要增强企业实力。合并是扩大企业规模、巩固企业体制，增加企业竞争力的重要方式。

举个最近发生的例子，日本不少船舶企业开始三三两两合并，以应对开放经济的挑战。当然，合并策略是否适用于所有企业还不得而知，但是通过这种方式，企业确实可以实现综合多元化的转型。

一种观点认为，企业合并之后要进一步加强多元化发展；另一种观点认为，合并之后反倒要进行专业细分。为了与国外大型公司竞争，相比综合多元化，专业细分化的策略更加奏效。到底哪种策略奏效，企业应该将重点放在哪里，这并不是一个轻松的决定，但至少我们可以考虑这两种发展方向。

当然，综合多元化的呼声要更高一些，相反，

专业细分化则往往被忽视。想法不同，情况不同，
两种策略都有其道理，综合多元化的策略也不是每
次都能奏效。综合也好，合并也好，都有优势，但
不是所有情况都适合合并。专业细分化能够最大化
凝聚力量，这也是符合开放经济要求的一条出路。
专业细分化现在并不受追捧，也希望稍后可以听听
各位经营者的观点和想法。

企业的社会性

最近，人们开始讨论起企业社会性这个问题。社会性是我们不能忽视的一点，同时被讨论的还有企业的盈利问题。人们认为企业的社会性与盈利不能兼得，企业追求利润就会失去社会性。

正因为如此，才有企业选择薄利多销，压低利润以凸显企业的社会性。这种做法无可厚非。

无论在何种情况下，都不能忽略企业的社会性，尤其是当下，我们应当投入更多的精力来思考这一问题。不过，企业的社会性是要求企业不能追求利润，还是要求企业应当确保合理获利呢？哪种更合理呢？我认为，只有确保合理利润，企业才能充分发挥社会属性。

有人认为企业不能赚钱，只能薄利多销，最好免费为社会服务。我很怀疑这样的人是不是了解真正的社会性。看报纸、杂志的时候，我们常常能够看到"企业的社会性和追求利润"的标题，相反，"确保企业社会性和合理盈利"的标题则很少，这就是问题所在。换句话说，到"企业的社会性和"的部分没有问题，但是之后必须加上"确保合理利润"这句话来强调义务的前提。

企业没有利润将举步维艰。当然，这种情况下最为头疼的一方其实是政府，政府为难将导致社会利益受到影响。用一句话来解释，企业在拿政府的钱赌博。如果赢不到钱，企业为难，政府自然无法幸免。无论是按比例征收的税款还是"赌资"，赚不到钱就两方皆输，甚至本钱都收不回来。

汇聚天下之财与材，若颗粒无收，政府将面临危机，同样社会也会面临危机。准确来说，合理盈利其实是企业应尽的义务，而且全社会也必须认识到这一点，经营者必须将合理盈利作为自己的信条。赢利不是牟取暴利。合理盈利并不容易，但对于社会发展至关重要。合理利润可以支撑企业发展，企业向政府交纳适当的税金，政府使用税金来运营国家，给国民带来福祉。正因为合理利润如此重要，企业才需要履行这一重要义务。这样看来，最近媒体报道的"追求企业的社会性和利润"之类的字眼可能会引起误解。我想把这作为一个问题提出来。

利润微薄还要出口吗

关于出口，在座各位经营的不少企业都有出口业务，幸运的是日本的出口额在逐年增长。日本的进口额逐年上升，但是不断增长的出口成绩是各位企业同人共同努力、积极研发新产品的重要成果。

对于出口，目前业内有一种看法：虽然利润微薄，但是出口可以换取外汇，只要能出口就尽量出口。这种看法到底对不对呢？刚刚我提到，合理盈利是企业应尽的义务，但这种义务针对的是国内市场，国外市场还适用吗？

有的企业认为，亏损是企业的公敌，只要不赔本，哪怕不赚钱也可以，而且出口可以换取外汇，这是对国家经济的贡献，所以干脆降低价格刺激出口。诚然，从国内市场的角度来说，合理盈利是必须履行的义务，但这一观点并不适用于海外市场。

我们必须打破惯性思维。和国内市场一样，企业的出口业务同样有确保合理盈利的义务，甚至说获得的利润要高于国内才可以。对于同类产品，如果国内市场上利润百分之十是合理利润，那么国外市场的合理利润并不能是百分之十，而是百分之十二，甚至更高。

但现实恰恰相反。很多商社、企业列举了我刚才提到的数字，这只是举例，并不是准确数字。出口要努力做，但是如果赚不到钱，还唯政府马首是瞻，我并不认为这是好的选择。

以上就是今天想和各位交流的四个问题，谢谢！

真真庵的庭院

关于今天会场所在地真真庵，我想补充一句，工作之余，我把这里改造成 PHP 研究的地方，五名研究员，加上行政辅助工作人员，有十五六个人在这里工作。这里不是我的住宅，而是 PHP 研究所的办公地点。早上大家来上班，晚上下班离开这里，剩下的时间由一对夫妇进行管理。

这座庭院小有名气。整座庭院为借景设计，历经岁月的洗礼，我买下的时候庭院正面几乎没有变化，两边的树木郁郁葱葱，院内原本设有茶室，彰显了不同的情趣。买下之后，我将两边进行了调整，去掉了茶室和顽石等设计，移除全部树木，只留下杉树在这里耸立。

地面修理平整之后，采用最为节约的处理方式铺设砂石。不少人看到修好的庭院，常常问这是谁的设计，是哪位大家的作品，最后发现这只是为了节约成本。不过这也间接证明庭院的设计令人眼前一亮。

开创 PHP 研究的理由

刚刚提到在这里开展 PHP 研究工作，还未来得及向各位详细介绍 PHP 研究所的研究内容，可能有些人并不是很清楚。众所周知，当前全球竞争十分激烈，行业之间过度竞争，企业之间尔虞我诈。虽然竞争必不可少，但是过度竞争只会引发恶果。这一点尽人皆知，企业之间的竞争却从未停息。因此，作为个人的爱好，我想重新了解人的本质，深度思考一下人生观。

不过，目前研究所还没有什么具体成果，现在共有五名研究员在这里从事研究，他们也是松下集团的年轻员工。几个人年纪虽小，但是十分认真。我自己的主业虽然不是研究，但是扬言要在研究方面有所作为。

以上是关于 PHP 的简单介绍，整体情况就是这样。下面我们进入答疑环节。无论是您的商业问题还是国家大政方针，甚至是砍价这类细小的问题都可以提问，这些对经营企业至关重要。当然，大家想谈谈自己对某个问题的看法也十分欢迎，大家的问题和想法对我来说都有很重要的参考意义，谢谢大家！

糖业现状

提问者：方才会长提到了开放经济，经济陷入国难，我们必须加强企业自身建设。我们公司在东南亚建立了经济合作关系，计划在东南亚开设分公司。当下，由于日本国内的金融紧缩政策，企业在国内运营十分艰难，这种情况下，如果一定要进军海外的话，企业可能面临危机，不知道您怎么看待这种矛盾，我们又该怎样看待企业未来的发展呢？

松下：贵公司是做什么业务的？

提问者：砂糖。

松下：砂糖呀，这一行业现在不容易呀。

提问者：是的，原料方面完全依赖海外，奄美大岛、北海道等国内供应地大部分被外国资本控制。

松下：这样呀，贵公司的业务主要是糖类提纯销售吗？

提问者：是的。

松下：听说这个行业在国内很赚钱呀，最近不太景气是吗？

提问者：最近非常不景气。

松下：那是产品价格下降了吗？

提问者：嗯，是的，但是海外原料价格却在不断上涨。

松下：原料涨价了，那售价如何？

提问者：国内售价其实低于成本。

松下：为什么呢？售价低于成本，是法律规定必须这样吗？

提问者：不是的。

松下：定价自由，对吧？

提问者：受供求关系影响。

松下：也就是说，原料价格太高，影响产品售价。

提问者：是的。

松下：老实说，我认为这和石油行业面临的问题一样。

提问者：海外原料不断上涨，根本没有办法控制，砂糖的价格简直是暴涨。

松下：原料吗？

提问者：几乎没有公司能够完全确保原料供应。

松下：要我说，这完全是行业混乱导致的结果。原料涨价，再加上精制流程的费用，只要涨价，其实完全可以渡过危机。牟取暴利万万不可，但是保持合理利润空间的销售合情合理。然而你没有这样做，因为就算你涨价了，同行也不会涨价，是这样吗？

提问者：砂糖的销售价格在战前和战后没有变化。

松下：这是谁规定的吗？

提问者：行业约定俗成的规矩。现在价格是每公斤一百三十日元左右，税金约占六十几日元。

松下：将近一半的税呢。

提问者：税率没有变过，所以零售价格也几乎没有变化。制造商的出厂价是一百三十日元左右，算上原料价格，成本就可以达到一百五十日元左右，批发价格却只有一百三十日元。

松下：这是原价销售呢。

提问者：是的。

松下：那请问一直以来行业怎么赚钱呢？感觉砂糖行业利润很高呀。

提问者：一直以来，销售都是政府分配制。

过度竞争

松下：原来如此。现在市场放开了之后，企业还是大量进口高价的原料，生产出来的砂糖远远超过市场需求，最终出现无序销售现象，从而导致过度竞争，大家都赚不到钱，所以很苦恼。其实这是人为制造烦恼。我们不能自找烦恼，因为烦恼不会自行消除。

提问者：我们行业也在试图进行调节，但是业内各家企业很难统一。

松下：其实统一并不难。我们假设行业只有两家公司，两家统一起来很容易吧。如果增加到了三家公司，统一就有点难了。人类就是这样复杂的生物，过度竞争的本质是优胜劣汰，以大吞小。所谓达成行业共识，以避免过度竞争，其实完全是经营者的个人认识问题，必须认真解决，相信砂糖行业也想解决这一问题吧。

提问者：其实没有什么好的解决办法，这个行业已经日暮西山，至少要有一定的利润，才有改变的动力。

松下：那就没有办法了。行业的改变必须依靠业界的共识，当然，如果政府颁布法律，限制最低价格，低于限价就要受到处罚，也许可以维持价格稳定，但这几乎不可能。除了经营者自觉维护价格之外别无他法，只有行业遭遇一定损失之后，经营者才能悬崖勒马。如果公司还有余裕，肯定想着"那家公司肯定会先倒下，我的资本还有这么多"，很难下定决心改变。只有经营者下定决心改变，这个行业才有前途。

你们公司有工会吧，工会干部怎么看待现在的情况呢？如果是我，看到这种无奈的情况，我会想着必须做出改变，因为维持现状毫无意义，只有改变一条出路。

至于刚才提到的进军海外的问题，当然，我不是很了解具体行业情况，如果国内竞争如此激烈，还是应当去海外拓展市场。如果国外竞争更加激烈的话，就要慎重考虑，因为依靠出口的利润填补国内缺口的风险很大。如果按照国内的低价销售策略进军海外市场的话，企业的损失岂不是更多？

砂糖行业和石油行业很像，必须依靠行业自觉来调整，各家企业必须共同努力。当然，问题解决起来会极其困难。

绞尽脑汁不如先安心休息

提问者：砂糖行业受市场浮动影响很大，确保稳定的发展是企业的第一要务，所以企业要开拓房地产之类的多元化业务，保障企业稳定发展，您看这样考虑有道理吗？

松下：你说的多元化其实是一条错误的道路，可能有人成功过，但这种选择绝不是正确的发展道路。

因为不得已而尝试多元化经营，但是你想过在其他领域成功的概率有多高吗？通常答案都是很低，难以成功却还要去做，这不是"明知山有虎，偏向虎山行"吗？

这个生意不好做，那我换一个，生意还不好，那我再换一个。绞尽脑汁都无法成功，还想再尝试一个，这样下去，人的智慧会逐渐枯竭，企业只会不断走下坡路。我认为，这种情况下什么都做不如什么都不做，行业不景气，还不如去温泉疗养一下。累了要休息，生意不好做当然也要休息，休息一下也许会有转机呢。当然决心不好下。

其实我做过这种事情。三十多年前，黄金出口解禁，政府开始发展开放经济。企业受到冲击，完全没有市场，而且银行担心出现挤兑风潮，采取完全收紧政策，拒绝对外放贷。那个时代非常艰难，企业有一大批工人，资金很快就出现困难，产品完全卖不出去。

当时我是怎么做的呢？既然没有办法，那就好好休息。休息是最好的方法。企业停工半天，原料需求就会减半，资金也会减半吧，所以半天休息对企业来说并没有造成损失。工人的工资是例外的，因为是我主动要求工人休息的，虽然只工作了半天，但是支付给工人一天工资。这样一来，员工更加理解我这一决定的良苦用心。实际上，企业停工一个月，支付工人一个月的工资，其实只是损失半个月的工人工资而已。

两个月之后，公司的库存销售一空。工人们休息半天，但可以拿全额工资。那个时候，松下还是个人经营的店铺，店员们并没有休息，而是从早到晚拼命推销。产品还没有降价，店员们拼命努力，两个月之后库存被全部售完，公司恢复正常生产。这两个月的特殊体验给员工们上了宝贵的一课，也让我深有感悟。凡事都有应对之策，我的内心更加强大。虽然实非所愿，但是这件事带给我最大的感悟就是要学会休息，问题的尽头其实就是休息。

自由经济

提问者：您刚才提到的行业自律问题，其实我也很清楚，但正如您所说，这一过程需要很长时间，而且进展也不一定顺利，因为需要政府的参与。在开放经济之下，需要时间推进的事项离不开政府的参与，而国外却在不断进步。日本的自由经济发展步履维艰，松下先生，您怎么看？

松下：这确实是一种观点。政府参与确实更容易成功，但是也会有很大的弊端，所以还是不要太过于依赖政府。我的想法缺乏实际支撑，不一定行得通。建议政府出动，通过制约手段来救市也许可以改善情况，但是不能过于乐观。

最重要的一点还是要自力经营。如果需要借助他人力量的话，也要自己做百分之八十，剩下的百分之二十交给别人。如果他人力量，也就是政府干预占据百分之五十，自己力量占据百分之五十，因为政府的意志不受我们控制，很多情况下我们会身不由己。自由经济的环境之下，无论发生什么情况，哪怕是面临破产，我们都要坚持经济的自由，这样才能在破产之前挽救企业。

提问者：百分之二十的外力还是可以的吧。

松下：百分之二十的话，我认为是可以的。

企业发展的正确之路

提问者：我想提问一个关于专业化的问题。当然，我们企业已经开始了专业化发展，但是到了一定阶段，如果企业未能采取多元化政策，尚未发展壮大，专业化其实很难推进。在这一方面，政府的税收制度、经济政策、学校教育，特别是银行的金融发展都需要进一步提升。

松下：现在很多方面都处于僵持的状态，需要改进的地方很多。我们是人，很难做到面面俱到，每个方面都完美，所以不能强求所有人都下定决心改变情况。政府会做吧，机构会行动吧，一味逃避问题，情况只会不断恶化。

肯尼迪总统曾说："不要问国家能为你做什么，而问问自己能为国家做什么。"我觉得这句话很有道理。日本现在恰恰相反，首相的口号是为了大家什么都可以，这和肯尼迪总统的想法完全相反。日本其实完全可以参考肯尼迪总统的做法，唤醒国民自主独立的精神，全面进入国家竞争阶段。

其他国家做不到的事，我认为日本也做不到。中小企业存在问题，那我们就拯救中小企业。煤炭行业有问题，我们就拯救煤炭行业，能做到这些的也许只有上帝了。人的力量极其有限，做得到的自己做，做不到的只能依靠政府，只能依靠政府力量才能做到的就去拜托政府，这才是企业发展的正确之路。

防止信用膨胀

提问者： 刚刚颁布的《中小企业基本法》的内容 ① 其实和您的想法"不谋而合"。它提到中小企业要自立自强，注重专业细分化的发展，这是非常正确的。您刚才提出的银行金融问题等，这些需要行业共同努力来实现。想请松下先生谈谈您对这一点的理解。

松下： 战后，因为各家企业都没有钱，所以政府推动企业信用膨胀，促进资金的借贷，从而实现日本复兴。各家企业在信用保障的基础上开展

---

① 1963 年 7 月，作为中小企业的"宪法"，《中小企业基本法》正式生效。该法律大力提倡中小企业进行创新，消除经济社会因素造成的不利影响，推动中小企业快速成长发展，明确中小企业的前进方向和政策。全文共七章，包含三十三条，涉及设备现代化、技术提升、企业规模合理化、分包等内容。

经济活动，成就了日本繁荣的经济。这是不可否认的事实。

但是这种信用借贷模式继续发展下去的话将会非常危险。特殊时期，如果没有信用膨胀，行业将无法发展，所以企业通过信用进行担保交易。但是现在经济已经复兴了，我们需要逐渐控制信用膨胀规模，在这一点上，我们的态度一定要坚决。

实际上，信用膨胀直到现在仍"方兴未艾"。今天是全年第一百五十个交易日，松下收到了很多票据。不知道大家的生意怎么样，比如盂兰盆节、正月是结算时间吧，企业即使倾家荡产也要如期结算。过去人们从箱根千里迢迢来到大阪，可能要花上一周的时间，现在只需要一个小时，但是结算的时间却比过去拖得还要久。

由此产生了很多损失。企业的道德感会消失，先买后卖，就算降价销售也能赚钱。因为和厂家的结算是半年之后，半年的时间总有办法解决问题，这就导致企业毫无道德感，随意进行不当竞争。所以信用膨胀必须停止，信用的不断膨胀是日本企业面临的一大难题。

　　当然停止不是马上全部消失，可以设定三年的期限，无论个人还是公司，到了月末必须用现金付款。松下集团计划将一百五十天的交易汇票兑换时间全部缩短为一百二十天，从明年起正式实施。政府必须鼓励这样的行为，银行也应当采取鼓励政策，推动交易恢复到正常状态。

　　无序销售也好，过度竞争也罢，这些不当行为都是信用膨胀种下的恶果，严重扰乱了市场正常竞争秩序，不知道大家的行业是否存在类似情况。

工会应关注提高生产率

提问者：企业的经营者关注开放经济的应对之策，但是工会，尤其是"总评"①工会的人士完全没有关注这一点，有时还会做出无视生产效率的举动。在开放经济之下，工会这样的行为该如何看待，怎样指导呢？

松下：确实，总评人士的行为已经成为日本经济发展的恶疾。但凡"总评"有点良知，企业经营者也不会这样为难，携手共进、共同发展的道路也会更加宽广。在"总评"的指导理念中，完全没有涉及构建开放经济下的合作关系。

既然关乎劳动者的福祉，"总评"就应该明白除了要求提高薪酬，还要协助企业拓展营收，甚至

———————————

① "日本劳动组合总评议会"的简称，日本全国性质的工会组织。——译者注

应该把这当作工会自身的问题来认真对待，而不是像现在这样阻碍行业发展，成为开放经济的隐患。行业的发展离不开经营者和劳动者，两者之间是相辅相成的关系，劳资关系直接决定日本的未来发展，不能只关注眼下薪酬的高低。"总评"的存在已经成为社会问题。这不是一个企业面临的问题，而是整个社会共同面临的问题。

提问者：诚如会长所言，"总评"完全没有融入社会全力发展开放经济的氛围中，这有其固有的原因。比如"总评"今年曾经提到一直忽视的生产率问题，因为和欧洲各国相比，日本的生产率过于低下，这导致底薪过低。说白了，这只是提高薪酬的借口而已，它绝不是有提高生产力从而提升底薪的想法。"总评"从根本上忽视生产力，认为这是革命思想。正如会长所言，为了发展开放经济，劳资双方必须"同仇敌忾"，但是现状却是两者水火不相容。

松下：是的，所以劳资双方在开放经济中的作用不容忽视。但凡有一方过于强大，轻视另一方，都会影响开放经济的发展。

希望"总评"可以意识到这一点，与企业开展合作。工资低可以提高，前提是双方精诚合作，提升产业水平，进入世界前列。"总评"其实明白这一道理，但并没有付诸行动。我希望它可以重新审视自己的行为。

我们的发声可以改变现状，从更加宏观的角度影响政府行动，提升国民福利，所以我们号召大家行动起来。眼下，不幸的是行业的集体沉默，所以我认为问题已经非常严重了。

每个人的生意都很重要，但是现在整个行业面临危机，我们应当团结起来，共同探讨，全力合作，制定正确方针，这样才能提升应对能力。虽然步履艰辛，但是总要有人或者企业迈出这一步才行。

当然，我们要认真反省，通过对错误的反思，建立合作体制，改变错误的观念。不过，我确实认为日本政府对很多问题都秉持"事不关己高高挂起"的态度。明日复明日，问题始终无法解决。

相互信任，诚信经营

提问者： 我们公司的工会是大约七年前成立的。1962年春天定期涨薪的时间点，我收到了"确立罢工权"的通知。

我一直认为相互之间的信任是人类生活中最为重要的品质，也是生活的基调。没有信任，就没有相互的协商和协调。大家在同一家公司工作，至少入职的时候，每个人对公司都有一种信任，都愿意为公司的发展竭尽全力。公司的发展离不开良好的人际关系，也需要完备的工作环境和条件；员工需要更高的薪酬。经营者完全认同这些，这也是经营者的愿望，两者想法完全一致。

为了提升待遇该怎么做呢？做生意和体育竞技很像，只有团队协同合作，朝着同一目标共同前进，才能取得最佳效果。在我看来，很多企业并没有践行"以人为本"的宗旨，比如上下班的打卡制度，以小时衡量劳动支付工资。我们公司当然也曾经有过打卡制度，但是我认为这种制度并不合理，无论是迟到、早退还是私人外出，大大方方向上级坦白，老板并没有不同意的理由。一年以前，我花了一个多月的时间向员工说明了自己的想法，此后，正式废除了我们公司的打卡制度。

工会最近的诉求主要涉及去年年末的奖金和今年的定期涨薪等，只要诉求合情合理，我都可以完全接受，公司的生产率不断提高。虽然经济不景气，但我们公司的销售额上涨了百分之四十到百分之四十五，其他公司对我们与时代主流不符的经营方式感到惊讶。

现在，公司约有一千三百名员工，其中在接受过新式教育的员工中，女性平均年龄为十九岁，男性为二十五岁。大家都对我的经营方式十分认同，而且我也下定决心将这种经营方式贯彻到底，不知道松下先生您怎么看？

松下：我觉得非常好。其实今天会议开始之前，有一位经营者提前到了这里，他就是美国摩托罗拉公司的社长,该公司有两万名左右的员工,并没有成立工会。我原以为有着两万名员工规模的美国企业肯定有工会,没想到很多都没有设立。这在日本几乎不存在,因为几乎每家公司都有工会。美国比较自由,工会成立与否是企业的自由。

薪酬方面,摩托罗拉公司的主营产品是电机,工资要高于电机行业平均水平。虽然薪酬高一些,但是企业负担很少,因为不需要和工会进行交涉。日本有工会,如果工会真正发挥了劳资协调的作用,经营者认可工会的作用,工会理解企业的经营,这是最为理想的。我也会朝着这个方向努力。这种努力既有利于公司发展,也有利于工会全体成员。所以,请继续沿着你坚持的方向前进吧。

经营者先要清醒

劳资关系方面，工会的存在确实是一个问题，从两者对企业的影响来看，经营者占百分之六十，工会占百分之四十。为了建立良好的劳资关系，百分之六十的责任在于经营者。当然，工会还有百分之四十的责任，如果工会一致反对，企业也很难成事。先要确保承担六成责任的经营者下定决心，这样剩下四成责任的主体就会追随经营者的步伐。你的成功就是最好的证明。

提问者：去年定期涨薪的时间点，发生了这样一件事。三月份工会提出涨薪要求，但是涨薪幅度对于企业来说其实并不太合理，一般三月份要求的涨薪涉及的是四月一日至次年三月三十一日的工资，也就是接下来半年之后的九月份的平均工资。对于这个时间跨度的涨薪，出于对企业增长的信心，我去年接受了工会的涨薪要求，同时通过涨薪的方式，把企业发展的接力棒交给了员工。结果，去年公司净利润大幅增加，远超涨薪金额。今年工会也提出了涨薪要求，但是不像去年那样过分，我也爽快答应了。

松下：这就是一个成功的例子，也可以成为其他公司的典范，希望你能把这种经营方式坚持下去。"这样可以吗？"这种犹豫完全没有必要。企业经营的六成责任在于经营者，经营者必须保持清醒。当然只有经营者清醒，承担四成责任的员工还糊里糊涂的话，企业发展也会面临困境。企业经营者要贯彻自己的想法，不敢说这样做下去不会产生问题，但是问题会非常少。

提问者：有一点我有些担心，公司每年都会有新员工加入，沟通不及时的话可能会影响企业的未来发展，如何解决这一问题呢？

松下：将来的事情将来再担心吧。企业经营是一个不断循环的过程，坚信现在的成功方式没有问题，明年、后年就继续执行，这不是很好吗？想得太长远，自己会很累。

公司成败为社长一人之责

提问者：我们的事务所，位于总公司目不可及的地方，而松下集团的事务遍布全球各地，却仍然保持着一贯的作风。请问会长，您如何对距离较远、接触较少的事务所员工、管理层进行指导呢？

松下：虽然各个公司情况各异，但我认为企业最高指挥者，也就是社长要有坚定的经营理念。希望大家这样，希望大家那样，社长如果没有凝聚力，企业就会分崩离析。当然，强制要求并没有问题，但如果内容不合理，员工就很难接受。合理的诉求才能逐渐传播开来，在社长理念的引导下，企业才能持续发展。公司规模大，在执行的过程中就算再明确的观念也可能走样。只有一直传递这种观点，所有员工才会正确理解。

还有一点，公司的管理层是否和社长的想法保持一致。以专务为首的员工理解社长的想法，不会社长向东，员工向西；社长一定要了解员工的想法，大家心往一处想，劲往一处使，公司一定会成功。所以企业发展的责任完全在于社长，不是专务，不是常务，就是社长一个人的责任。社长必须明确认识到自己的职责，心怀随时为公司奉献自己的想法。

说得极端一点，有了这种责任感，社长偶尔泡泡温泉也没有影响。没有对公司的高度责任感，无论社长如何努力工作，公司也不会形成凝聚力。社长要对员工提出具体要求，因为社长是公司成败的最终责任人。社长做得不好，就要自掏腰包来道歉，现在最多就是辞职，换作古代则要切腹。这一点都做不到的话，公司也就不会有所发展。

如何对待恶习传统

提问者：关于刚才您提到的开放经济，我想提一个问题。

我在京都做书膜生意，因为开放经济很重要，所以我试着进行了很多分析，特意调查了美国同行和一些行业的现状，发现最大的不同就在于生产率。

从数据可以看出，美国的工资增长了两三倍，生产率也提高了两三倍。在质量和其他方面，我们公司的产品更加优秀，价格也符合出口要求。随着日本经济逐渐开放，薪酬不可能一直保持现有水平，如果想给员工涨薪，就必须把生产率提高到与美国持平的水平。

我们公司成立四十五年了，目前占据书膜市场百分之六十五的份额，虽然是小公司，但是相对稳定，这种稳定是否能持续到十年后就不得而知了，所以必须趁现在采取措施。我们计划先提高技术优势和生产效率，这也是最关键的环节。

听了会长刚才的话，我感觉公司里面不少员工存在惰性，人才培养问题迫在眉睫。当然光凭我一个人努力远远不够。我虽然住在东京，平时会去很多地方出差，但每次上班都比专务来得早，如果我不在公司，他们去不去其他的地方我就不知道了。公司目前共有十一名董事，都是一直在公司工作的元老，我该如何培养人才呢？

松下先生，您是从小企业白手起家的成功人士。公司从百人规模开始起飞，就算最开始的这一百名员工都是优秀人才，也不能满足企业的后续发展，而且不少人是公司创业时代的元老，渐渐开始骄傲，还有的跳槽去对手公司……就我们公司而言，企业文化建设开展了四十五年还是成效不大，去年只引进了两三名人才，公司里面还有人故意使坏。不知道松下先生您有没有遇到过这样的问题？您又是怎样处理的呢？

松下：你们公司一共有多少人？

提问者：九百人。

松下：其中有多少工人？

提问者：大约七百人。

知人善任

松下：您的问题其实是所有公司共同的难题，任何公司都会遇到，尤其是老牌企业。新成立的公司还好，一旦第二代继承企业，就会发现公司里面到处都是前辈、元老。

提问者：我父亲六年前去世，父亲的养子成为社长，他能力实在太差，在我的要求下辞职了，最终我担任了公司社长一职。

松下：你真了不起。能做到这一点企业就不会有问题，经营者最重要的就是要有勇气。

知道这么做是对的，如果只想不做，也不会有结果。执行力源于经营者的反复说明，公司是你的还是员工的或者社会的呢？答案不同，结果自然不同，这是你勇气的来源。

企业无论大小，都具有传统，通过传统的延续发展为社会公器。企业是社会的一部分，经营者只是暂时代管而已，必须改变不适合的部分，只有符合要求的人才可以为社会服务。这样考虑，勇气自然就会产生，对不合适的人只能说"你不适合这项工作"。虽然难以开口，但是不说出来就没有办法解决问题。

之前访问美国的时候，我从一位校长那里听到了这样一个故事。这位校长做了一项调查，以七十五家原本成功但二代接班后就问题频发的公司为对象，发现全部是人才方面出了问题。随着企业走向成功，公司有了许多"功臣"，但是时代时刻在变化，他们逐渐适应性不足，无法紧跟时代的发展潮流，经营二代接班后碍于人情，没有开除这些"功臣"。美国尚且如此，日本的情况更加严重。

所以，你完全可以正视问题员工，按照美国人的做法告诉他"你辞职吧，再见"，当然这么说完，你可能会被当成不近人情的坏人。

提问者：辞掉两三个人，或者把他们调到其他旁系公司倒是不难，关键是谁来接手这些工作。虽然可以广招贤才，但是说起来容易做起来难呀。

松下：其实这样做就好。如果能找到比较满意且能紧跟时代发展步伐的人才，其实已经成功了一半。剩下的就是人才补充的问题，广泛寻觅的想法很好，但是做起来确实很难。

旁边的花更红，所以我们要摘下来据为己有吗？这虽是人之常情，却并不可行。不知道你有没有发现，很多之前看起来不靠谱的员工去了其他公司之后，变得靠谱了许多。你们公司虽然规模不大，并不成熟，但还是有很多有潜力的员工。真正的解决之策是提拔现有员工。

当然，对候选人还有其他要求，原则上一个岗位调出一个人，就应该从同一部门提拔一个人，虽立刻上手不太可能，但是经过一年的历练，他肯定会逐渐适应，经营者也放心。如果不放心，可以按照从十个员工中挑选一两个的比例从其他部门调派。

虽然外部有很多人才，但是他们很少流动。从现实情况来看，你很幸运获得了成功，虽然有一些不足，但是最好的方式还是提拔自己的人才来填补岗位，而且不会影响工作。

　　在松下集团，管理职位很少由外部人才担任，包括旁系公司在内，其人选都是由内部提拔确定。总公司有几万名员工，也许分公司偶尔会有从外部引进人才的情况，总公司课长级别以上的几乎是内部提拔。还有只有小学毕业的人担任公司董事的，其实只要有实力，没有突出的缺点都可以被委以重任。

稳定经营胜过盲目扩张

提问者：希望松下先生在自己经验的基础之上，多多提点我们年轻经营者，告诉我们一些经商之道和注意事项，我们将不胜感激。

还有一个关于劳资关系的问题，这也是经营者现在最头疼的问题之一，如何解决这一问题呢？作为松下集团的掌舵人，能否根据您的亲身经历，介绍一下解决方法呢？谢谢！

松下：年轻人最需要注意的问题是什么？答案因人而异，每个人都不相同。我认为虽然每个人的想法不同，但是在很多方面是共同的，比如年轻人意气用事。血气方刚是发展的动力，有时也会成为阻碍。

现代社会并不是谨小慎微的时代。我们没有必要勉强自己如何去经营，很多时候我们需要根据借款政策进行调整。对我而言，企业稳健的经营节奏和稳定性最为重要。

不少上年纪的日本经营者意气风发，不断扩大企业规模。现在无论是对日本还是对日本企业的经营而言，稳定经营最为重要。稳定经营涉及劳资问题、资金问题、开发问题，等等，每个人对稳定的认识也不一样，你需要思考并给出定义。

就松下集团而言，大家都知道，日本企业经历了胆战心惊的一段时期。只不过当时人人自危，所以松下看起来没有那么危险，实际上，当时松下的情况与稳定经营相差甚远。在如此危险的状态下，日本能否达到稳定的状态，是否会发生意外呢？多少有些令人担忧，而人才问题是解决问题的第一要素。

越是这样危险的时候，我们越要重新审视经营，我认为重点在于维持稳定经营而不是扩张规模。在稳定的发展中，企业如果有扩张的迹象，也是没有问题的。因为企业积累了坚实的基础。不知道我说得清楚不清楚，企业经营者必须做好这样的心理准备。

向政府强烈要求

劳资问题是日本共同面对的恶性问题，我们不知道这种状态会持续到什么时候，能否改正，是否会恶化。但是我猜想问题应该已经到了极端程度。

因为大家对这一问题都很头疼，所以谈到自己的感受，似乎也没有那么可悲。至于你提到的经营方式等问题，我觉得你现在做得很好，希望可以派人去你们公司参观一下。

至少贵公司的发展平安无事，如果全日本的企业都有你这种认识，社会就不会出现问题了。形势惨淡，越是在这种时候，坚守企业发展，履行对国家的义务就越重要。努力一下，说不定前方会"柳暗花明又一村"。

大家必须主动对政府提出诉求。虽然迎合政府很重要，但是一味地迎合并不能解决问题。经营者要向政府有力表达诉求，这是经营者的共同责任。

我是大阪商人，大阪商圈向来远离政治，但是现在
还逃避与政府打交道就是没有责任感的表现了。虽
然大家都不愿意做，但还要带着诚意试着与政府进
行沟通。这种态度至关重要。

　　松下集团也有劳资问题。经营者不能忽视自己
的责任，劳动问题也好，政治问题也好，大家需要
亲力亲为。

不搞"双头政治"

提问者：会长，您对员工有各种期待，那么请问您对现在的社长有怎样的期待呢？

松下：其实具体的内容，我可能一时半会儿说不出来。我们是一起奋斗过来的伙伴，两人心意相通。在这样正式的场合说出这些有点尴尬。

我其实很担心出现"双头政治"①的局面，所以我担任会长之后，一周只去公司一次。如果出现"双头政治"问题，社长会很难做，我也是，员工也是。因此，宣布担任会长之后，我也公布了自己的出勤时间。凡事无论好坏，全部以社长为中心。社长就任之后也高度自觉，所以到目前为止并没有出现什么问题。

提问者：在成为社长之前，他一直不断思考经

---

① 两个领导核心的政治格局。——译者注

营者该怎么做吧。

松下：我一直和员工宣传公司的经营方针，社长也是公司的一员，自然十分了解。担任副社长的时候，因为职务不同，他从没有站在社长的立场上表态，所以行事十分低调。当了社长就不能这样低调了，不管愿意不愿意，社长必须为公司做决策。三年来，公司没有发生什么问题，也不需要我提醒什么。

合并公司的应对之道

提问者：我的提问和您刚才的发言有关，企业合并之后，被合并一方的社长是否必须在意见和做法上与另一方保持一致呢？如果并不经常前往现场的话，如何传达合并一方经营者的意见呢？

松下：公司数量众多，没有必要必须保持一致，自然相处就可以。松下集团也有不少子公司，但是我很少派人前往现场。虽然双方是关联公司、子公司的关系，但是经营者并没有改变。不过有一点，我制定公司财务规则，必须清楚决算账目。现在不少公司不注重决算环节，我认为要及时完成每个月的决算。不少关联公司、子公司之前都是半年做一次决算，现在每个月都会做报告，这样账目就变得一目了然了。

松下集团的财务负责人曾说，很奇怪，虽没有规定必须这样做，但是只要这样做了就会有好结果。希望各位一定要试试。通过这种方式，大部分被合并的公司逐渐走上了正轨。对于没有经营者的公司，我会选派经营者进行管理，但是这种情况很少，我也会尽量避免这么做。

提问者：刚才您提到把公司的元老派到旁系公司的情况，您认为这会对旁系公司的经营产生影响吗？

松下：把总公司的淘汰人员派到旁系公司，不会产生积极的影响，反而会严重阻碍这些公司的发展。

提问者：确实，碍于员工的身份，在总公司这些人还会有所顾忌。一旦离开总公司，前往旁系公司担任经营者，其独立性增强，必然会暴露本性，产生恶性影响。

松下：是的。如果是对自己的发展十分迷茫的总公司员工被派到小公司去担任经营者，反倒有可能获得成功。

提问者：看来情况因人而异呀。

松下：是的，到底能否成功受本人能力、旁系公司的业务类型等多种因素影响。这里不合适，有时换个地方它反倒会发展顺利。

提问者：如果在那里还做不好的话，我认为这种人就要负起责任引咎辞职，我们公司就有几个先例。

松下：你是一个出色的经营者。从人情角度来看，辞退元老是无奈的选择，也是经营者的必然选择，作为经营者就要有这样的魄力。这也是我认为企业经营是公事而不是私事的原因。

"直觉" 的重要性

提问者：我想问两个问题。第一个问题是直觉，在公司听完部下的意见和说明，我大概可以明白其想法，但是单凭这些来做决定还远远不够。有些情况下，问题很难说明清楚，这时候我就会依靠直觉来判断，有时会成功，有时会失败。别人问我为什么这么决定，其实我也不是很清楚，我依靠的就是自己的直觉。

事后，我还是想尽量向员工详细解释一下自己做出决定的原因。决策时，直觉到底发挥了多大的作用，其实我也不知道，目前，这种决策的结果还不错，但是……

松下：抛去各种大道理不谈，如果你觉得结果是成功的，那么你的直觉就发挥了重要作用，没有必要一定要刨根问底，分析直觉的合理性，只要明白是直觉帮助你决策就可以了。直觉没有所谓的好与不好。

如果直觉的合理性可以解释，那么我觉得你还是不要依靠直觉来决策为好。这样决策具有合理性，那就这样决定。实在不知道向东还是向西，实际走一遍就知道结果了。有个词叫"命由天定"，虽然很多年轻人不赞成这种想法，但是人生一半左右的事情早已注定。

开展适合国民素质的教育

提问者： 我还想问一下教育制度的问题。会长，您也说对现在的教育制度不太满意，我也认为教育存在不少问题，但是具体是什么问题却说不清楚，能请教一下您的看法吗？

松下： 关于日本的教育制度，这是个很难的问题。我们一知半解的人试着评判一下是否妥当呢？我认为这未尝不是一件好事。各级教育机构的指导工作主要由"日教组"①来完成。"日教组"并不是一个中立性质的组织，这一点就存在问题，它应当具有中立性，不能有所偏颇。中立性组织指导教书育人的工作，这简直不可思议。

日本的教育是否符合国民的素质水平呢？这对

---

① "日本教职员组合"的简称，以日本全国教员为对象的全国性组织。——译者注

教育而言是最为重要的，是不是要开展适合国民素质的教育呢？昨天我正好在电视上看到这样一件事，美国司机就算不认识字也可以通过驾照考试，可以选择口头回答的方式参加，这在日本是不可能的。日本的驾照考试必须笔答。美国很多人不识字，不识字不代表没有常识，驾照考试是常识测试，口头回答也完全可以，只要具备例如不可以乱撞人这样的常识就可以了。剩下的就是所有人都需要参加的技术测试。美国和日本的驾照考试截然不同。

美国虽然十分富有，但是教育并没有普及所有人。对这一点我们不置可否，在我看来，教育要与国民素质水平相匹配。国民素质越高越好，然而，是教育水平越高，国民素质就越高吗？和美国以及其他国家相比，我认为日本教育水平虽然很高，但是国民素质还有待提升。日本和其他国家的做法孰对孰错，大家看法各异，但是从一般观点来看，我认为日本的教育有些极端。

日本实行的是九年义务教育制度。义务教育阶段结束之后，剩下的知识都由就职企业来传授怎么样呢？当然，我的意思并不是让所有人完成九年义务教育之后直接就业，不去上大学，只是认为没有必要百分之九十以上的学生都去上高中和大学。一半有学者潜质的学生可以继续升学，成为高级技术员或者科学家，剩下的一半直接就业，保持这种平衡难道不是更好吗？希望政府可以在这种平衡之下思考未来的日本教育。

其实十四五岁开始工作更容易掌握技术，大学毕业后再就业可能会影响技术的习得。

现在的教育趋势也许是从众效应。很多人明明知道这一点，但是觉得考不上大学就娶不上媳妇，上大学的重要目的是获得更加美好的姻缘，而不是为了提升自己，这到底是不是幸福呢？这种想法符合国民的生活文化程度吗？我认为这很值得我们思考。

日本的教育要从更加宏观的角度来思考，不能无视每个国民的诉求，最终确定超越个体束缚的整体方向。我认为最终的教育决策者应当是政府。当然，决定的过程会非常困难。

德国人的理性思维

提问者：在德国，这个问题早已经解决了。

松下：啊，是吗?

提问者：在九年制的基础学校中，有学习能力的人在四到六年级之间会接受升学课程，没有学习能力的孩子即使有钱也不会被分配到升学班级。升学班级中，跟得上课程的孩子会继续接受教育，跟不上的孩子会被淘汰，基础教育持续到十三年级，也就是大学结束。通过毕业考试的学生可以免试升学，这种专业教育到十三年级之前全部免费。这是德国的教育模式，而日本的教育模式与美国类似。

松下：德国的教育很棒。

提问者：研究了一下德国的教育制度，感觉他们做得很到位。

松下：在这一点上德国果然更高一筹。

提问者：九年级毕业生可以去职业学校就读，

学习打字等技能，因为技能教育更加符合这些孩子的天性，他们往往上手很快，还有一些学生会直接就业。德国学生清楚知道自己的发展方向，政府也是如此，这才是彻底的合理主义。

松下：昨天有一位德国教授[①]来访，我们谈到了一些政治话题，他说日本的两院制度（参议院、众议院）完全没有意义。

他认为，日本的两院制度是一种浪费，浪费了宝贵的时间和金钱，还成了社会发展的阻碍。我问他德国如何呢？他说德国制度截然不同。虽然没有具体解释，但是听说众议院的情况和日本差不多，参议院并没有政党色彩浓厚的尔虞我诈。

即使如此，来访者还不是很满意。他说面对经济国难，两院应当通力合作，坚守底线。当然，没有什么底线是一成不变的，我们是普通人而不是

---

① 弗里德里希·奥古斯特·冯·哈耶克（1899–1984），奥地利经济学家，德国弗赖堡大学教授，奥地利学派的公认正统继承人，奉行彻底的自由主义经济政策。

神，底线最终还是由人来创造。底线的制定要超越政党党派的界限，选出几十位国民信赖的人士作为议员积极参与。议员的年纪不能是二十五岁以上，必须是三十五岁以上，了解人间疾苦，有丰富的社会阅历才行。这种人有五十个，议员数量就确定为五十人，任期为十五年，不得连任，每三年更换五分之一的议员。

上院的议员应当每三年更换一次，不受任何其他机构支配，相当于日本三权分立制度的角色，负责宪法修正等高级事务。上院监督指导另外两方，减税等具体方案由政府和众议院来提出。世界上大部分国家和美国、日本的情况差不多，德国正在试图进行上面的改革，但是还没有成功，这位被礼赞为自由主义者的来访者准备最近一年把这些设想写出来。

建立文部省管辖以外的大学

提问者：因为战后的教育改革，日本的教育制度变得美国化，其实两者只是形式相像，本质完全不同，大学的不同体现在以下两点。

一是美国的大学各有特色。日本文科类大学的设置都是法学院、经济院、文学院，几乎没有区别。各所大学几乎没有自己的特色，学生想学什么学科，去哪所大学都大同小异。二是美国大学"宽进严出"，考进去不难，毕业非常困难。日本恰恰相反，考进去困难，毕业很容易。

各个大学都有特色，说明大学发展适应社会需求。当然，日本的大学并不是完全没有理念，只是理念十分模糊，而且多是几十年前"探索真理""通识教育"之类的观点，与社会需求并不相符。

我提议，日本应当建立文部省管辖以外的大

学，如果产业界有需求，完全可以自己建立大学。文部省的要求限制了大学的特色，只有根据产业界的要求建设，才能充分符合需求，培养对口人才。这对东大以下的所有院校都会是一种冲击。

现在日本的大学教育完全是一种垄断。脱离社会需求的大学在进行人才的培养，东大、法政、立教、早稻田等，这些大学的教育大同小异。读写、说话，还有作为社会人的一般礼仪，这些其实在文部省的义务教育阶段已经完成，其他的要求应当由大学自行安排。只要有产业界的力量，这一点完全可以改变。

作为大学教师，我认为其实日本完全不需要大学。大学生不是为了掌握通识教育或者探索真理而选择大学，他们的父母也是如此，但只要老师这么认为，什么都不会改变。因为我身处其中，所以我很清楚，很多学生都是被迫考入大学的。无论是成家还是立业，大学生都更有优势，进入公司后也更容易升职。大学生比中学生更好就业，企业更愿意录取大学生。

所以，我建议不要对文部省和政府有所期待，大学老师也没有期待的价值。虽然比社会发展晚了三十年，我还是希望产业界可以创办物流大学之类的高等教育机构，培养需要的人才。只要产业界有这样的意愿，并且愿意投资，日本的高等教育就可以改变。

松下：但是外部的风可以吹进"象牙塔"吗？

提问者：没有比"象牙塔"更难吹进去的地方。我毕业于国立院校，现在就职于私立学校，无论哪种学校，"象牙塔"都像一座内部腐朽的木塔。把一流企业的总公司和一流大学比较就会发现，人的头脑和设施、建筑物一样，都会破败不堪。

松下：因为有所谓的"治外法权"才变成这样吧，与社会隔绝。

提问者：因为弱小，所以不想接受外部的强大事物。

松下：结果与外界更加隔绝了，最终孤立无援。

落后的日本大学

提问者：日本教育工作者有一个缺点，总觉得只有自己是受害者，并把这种心情投射到孩子身上。越是认真的青年，对社会的反抗情绪就越强，我自己也是这样。一直以来的教育告诉我日本没有前途，所以大学毕业的时候反抗心很强，不过出了校门之后，我开始逐渐冷静下来。

松下：也就是说，你认为并非如此吧。

提问者：确实。所以我认为日本文部省管辖的教育到中学阶段就足矣，大学阶段一定要根据需求自主建设才可以。

松下：这听起来非常有趣，看来你对这一点很有感悟。

提问者：是的。学校是企业的人才摇篮，但是现在日本的学校完全是"垄断机构"。企业要向学校低头，这简直太荒谬了。

松下：原来如此。你的观点很有意思，听从老师的话会强化这种意识。

提问者：我是旧制高中毕业的学生，从公立学校毕业之后我又上了私立学校，最后从美国麻省理工学院毕业，可以说对日本的教育制度非常了解。日本的大学十分无趣，我可以肯定地说，大学接受的教育对我的人生毫无帮助。大学老师的教育完全是照本宣科。其实根本不需要四年，三个月完全可以掌握大学的全部知识。

松下：那美国的教育情况不一样吗？

提问者：非常不同。美国的大学基于社会需求而设立，适应国民素质水平。美国一流大学对于自身的定位和特色很明确，课程设置很合理。与日本大学截然不同。

美国一流大学的课程内容并不会很难，所以有的日本学者访问美国之后，回国后就会宣传美国的课程过于简单。以我本人为例，回国之后，我凭借着在美国学到的"简单"知识和前辈五年前的笔记，参加日本考试时居然获得了优等成绩。这个结果有着很强的讽刺意味，也就是说，五年前的知识在现在的考试当中依然通用，所以日本学校宣传的探索真理之类的话，我完全无法相信。

松下：原来如此。听了你的话，我感悟了很多。

提问者：不受文部省政令限制的教育机构，比如松下村塾等以前培养了很多人才，因为这些机构有着自己坚持的理念，机构中有见识、有个性的教师唤醒了学生个性。

松下：换句话说，日本大学都是私立大学就好了，其实其他领域也是如此。

提问者：希望您可以成立松下集团教育事业部，为社会培养优秀人才。

松下：您可以加入呀。

提问者：我不想过受约束的传统生活，而且我对管理学并不感兴趣，只对事业经营感兴趣。只要有机会，我就会静静聆听真正干事业的企业家的观点，这对我来说很有收获。

松下：有您在，我不好说呢。

过度美化多元化经营

提问者：我从学生时代开始就自主创业，主要产品是燃油炉，和电机厂商存在竞争关系。刚才您提到了开放经济，因为我们的产品和电机制造商存在竞争，其实一直以来行业都处于开放经济的状态。

松下：原来如此。

提问者：这种情况下，最遗憾的一点就是人才问题，我们公司的员工只要是初中毕业生就可以，但是大公司的员工却是优秀的大学毕业生，金灿灿的黄金却被当成普通铜铁，浪费了优秀人才的才华。上一位提问者提到了大学教育的问题，其实大学制度确实存在不合常理之处，部分大学课程缺乏实用性。

再来说说企业的问题，像燃油炉这样简单的商品，开放经济之下，中小企业只有全力以赴、拼死努力才能存活下来。大型电机制造商要向中小企业的领域进军，这种情况并不是我们行业独有的。刚才您提到，大型企业应当规避这种行为。站在我们的立场上来看，大型企业有很多选择，应该向着有技术优势的领域"进军"。我当然也希望如此。但往往事与愿违，我们中小企业在发展某项业务的过程中，总会遇到大型企业参与竞争的情况。

松下：我反倒觉得这种情况是合理的。这本来就是行业发展的常态，只不过日本的情况偏离轨道而已，现在日本社会对多种经营给予了高度评价。原本百货商场就在百货商场的赛道上发展就可以，深耕所在行业，为社会做出贡献，这才是经营的本质。

但是，日本企业在一项业务成功之后往往继续拓展业务，增加品类，进军其他赛道，这就是所谓的"多元化经营"。大型企业会买入即将倒闭公司的股票，拓展业务范围，相比实质内容，日本企业更倾向于做多元化经营的表面工作，这样公司股票就会一路上涨。所以，我们经常能够看到虽然业务不相干，但是大型企业收购其他类型公司的报道。

　　刚才您质疑这种做法是否合理，我也有同感，但是我认为，企业这样做的原因在于使命感。假设一家大型公司主营设备制造，而公司决定全新开发燃油炉产品，为什么非要自己开发呢？明明市面上有这么多同类产品。有人认为这是企业多元化经营的必然选择，其实不然。从社会使命感的角度出发，如果大型企业开发的商品能够造福社会，那么这种行为在某种程度上是可以原谅的。

随心所欲的多元化经营是一种罪恶

如果大型企业只是抱着好赚钱、有潜力就做的简单想法，随心所欲进军其他行业的话，不仅会扰乱经济发展，还会导致过度竞争。即使大型企业实力雄厚，也不一定能赢得过随机应变的专业制造商。但是大型企业往往不会甘心认输，而是降价销售，吸引对方客流。这种情况在日本十分普遍。

这种做法没有任何益处。出于经营者的良知，我们必须避免这种行为。一个领域取得了成功，企业当然可以进军其他行业，但在选择的过程中一定要坚守使命感的底线。不是单单为了赚钱，或者开展多元化经营，一定要守住信誉，维护经营稳定，否则就会得不偿失。一旦行业出现过度竞争，大型企业资本雄厚，投入大量资金进行竞争，专业制造商将无路可走。现在这种情况在日本也很常见，这种行为就是犯罪。

关于松下集团。您想问问我是怎么做的。我们一直在坚守刚才我提到的基本方针行事。虽然每个人的想法不同，思考的程度有深有浅，但始终坚守着底线，不做没有利润的买卖，不将某项业务赚来的利润用于其他投资，决不先亏本销售，占据市场之后再恢复原价交易。

这种做法影响整个行业的发展。松下集团始终秉承生产高品质产品，推动行业发展的理念，决不将行业带入恶性竞争的旋涡之中。所以，我始终不允许将某个事业部的利润用于其他事业部的投资。

赚钱的重点在于开端。上市价格必须保持一定利润，这样专业制造商很难受到影响，也是保证公司合理利润的前提。还有一点，企业万不可随心所欲开展多元化经营，在开放经济的背景下更是如此。一旦撕开一个口子，整个企业经营都会散漫下去，经营状况也会逐渐走下坡路。

坚持专业制造

前几天，宝椅公司的社长来到松下，为公司的干部进行了精彩演讲。我感慨颇多。这家公司始终坚持专业制造的理念，凭借美发店座椅这一种产品征服了全世界，占据了相当大的市场份额，几乎没有公司能与之匹敌。这就是具有示范效应的经营模式，用一种产品"征服"世界的时代已经悄然出现。用"征服"来形容不知道是否恰当。

假如公司有十项业务，将十项业务整合为三类，用这三类业务去"进军"全球市场，至于其他相关业务，就算可以赢利也要及时舍弃。这才是开放经济下企业应当选择的发展之路。我们公司最近很少进军全新领域。公司大了，自然有人想做新的业务，这个时候经营者要及时出手制止。不过现有业务的相关产品，比如松下是电气企业，开发台灯之类的产品完全可行。在开放经济的大背景之下，从行业稳定发展的角度来说，完全不相干的领域万不可贸然进入，更不要将一个部门的利润用于另一项业务的投资。

其实，刚才您的一番话很有道理，请不要气馁，大企业有大企业的优势。您完全可以用一种产品来展示专业制造商的魅力，走向世界市场，令其他人望尘莫及。只要努力一定可以做到，虽然我没有见过您的燃油炉产品，但是我相信您精心研发的产品，一定更胜一筹。

提问者： 感谢您的鼓励，我会努力的。确实中小企业在竞争中不占优势，但是哪怕步履蹒跚，我也会努力前行。

松下： 你一定可以的！不仅仅是日本，全球市场都可以纳入企业发展的规划之中。当然，不是要马上进军所有国家，脚踏实地、一个国家一个国家去开拓，企业一定会越来越强大。

创业十三年来一直忘我工作

提问者：我非常尊敬您，每次去书店，看到"松下幸之助"的书，我都会买来拜读。

松下：非常感谢。

提问者：听了您的演讲，拜读了您的著作，对您的想法、人生观、企业观、世界观有所了解，我想请问一下，会长在我们这个年纪有怎样的烦恼，又是经历了怎样的自我训练，塑造了您作为企业经营者的优秀品格呢？

我们非常尊敬您，希望可以从您的经验中获得启示。有句俗语叫"乌鸦学浮水"（东施效颦），估计我们就是想学浮水的"小乌鸦"。希望会长可以介绍一下您在我们这个年纪的经验和发展至今的足迹，让我们这群"小乌鸦"多多学习一下。

松下：是说我当时的心情或者状态吗？不知道这样回答是否能解决您的问题，其实公司无论是有一两百人还是千人的时候，我一直处于一种忘我沉迷的状态。

当时我也没有考虑那么长远，也没有想过PHP研究所正在研究的人生观之类的深奥内容。企业员工到了两三千人的时候，我也没有想过十年后的变化会如此翻天覆地。当时只考虑当年或者第二年的事情，写的文章里面也没有谈过自己的抱负。

做生意的第十三年，我偶然了解到了一个宗教，并从宗教的伟大发展历程开始思考生意经。同行当中，不少企业面临破产危机，情况并不乐观，为什么企业发展的差异会如此之大呢？想想看，迷茫之时，宗教给我们慰藉。而企业虽然无法提供慰藉，但是可以供应生活必需品。"心灵"和"物资"虽然不同，却是支撑社会发展的两根支柱。不过两者存在很大不同，生产商品的企业接连破产，但是心灵支柱的宗教却兴旺发达。资金来源方面，企业必须明码标价，通过销售赢利，但是宗教并没有价格一说，这是心灵商品，有的信徒愿意支付百万日元，有的信徒支付一万日元，也有人只出五千日元。企业陆续倒闭，宗教却始终繁荣，我突然顿悟了个中原因。

看到兴盛的宗教活动而灵光一现

我想到的原因是什么呢？经营者的工作十分重要，宗教也很重要，问题在于这种重要性是不是为人所知。一个人心里只有赚钱和成功，其眼界就会被束缚，失去正确的判断力和处理能力，进而逐渐淡化工作的重要性，其权威性也会消失。

为什么会变成这样呢？因为使命感消失了。我终于意识到，经营者的使命能让人类获得真正的幸福，我们是生活环节当中的物质生产者。没有这种工作的使命感，事业不可能获得成功。然而之前，我并没有在这种使命感的驱使下看待经营，意识到这一点后，松下集团很快对外发布了

"二百五十年计划"①。

从此之后，我也开始在讲话中注意加入方针等字眼，幸好松下集团的几百名员工一直勤勤恳恳，努力工作。经营者必须重视学习，做好客户服务，降低产品价格，这也是经营者百年以来一直恪守的准则。

宗教的繁荣发展令我感到惊讶，反躬自问，自己的工作是什么呢？其实两者本质完全相同，只不过一个提供的是心灵产品，一个提供的是物质产品，这样来看，企业破产就是一件怪事。破产的原因是企业缺乏权威性和使命感，缺乏经营的理念。

当然，并不是说松下集团在此之前没有发展。

---

① 1932年5月5日，松下幸之助向全体员工宣布了松下电器的真正使命，并将这一天定为松下集团的创业纪念日，确定了公司正式进入创业阶段。松下表示，1932年是松下的"创业元年"，将此后的250年定为松下达成使命的时间。他将250年划分为10个阶段，每个阶段分为3个时期，分别是建设时期（10年）、活动时期（10年）和贡献时期（5年）。

十三年间，松下集团取得了很大发展，只是没有考虑过周密的计划，每天只顾埋头苦干而已。回首十三年的发展历程，我对使命有了深刻领悟，有了使命感，我们才能够顺利发展，才能够拥有自己的信念。

经营者必须有使命感。即使没有使命感，发展的道路也会随着日复一日的踏实努力越走越宽。最重要的是不要徒增不必要的烦恼。经营过程中，烦恼对企业发展没有任何益处，要学会和工作共处，而不是舍弃自己的生活。这种想法会为我们带来机遇，把握机遇就会赢得客户和员工的信任。

主持人：已经一个多小时了，最后我们有请嘉宾代表向松下先生表示感谢。

提问者：那么请允许我代表大家说几句。感谢松下先生一直以来的言传身教，我们获益颇多，通过今天的演讲，我们更是亲身感受到了松下先生的魅力。

之前我们通过您的文章了解您的想法和观点，今天聆听了您的演讲，我感到自己学到了更多有益的内容。用一句话来概括，通过您的演讲，我们感到热血沸腾，甚至想马上回到公司大干一场。我们YPO的所有成员都是社长，就像松下先生刚才介绍的那样，每个人每天都在以最高级别的责任感守住底线。再次感谢松下先生的谆谆教诲。

希望大家通过今天的演讲，今后更加奋发向上。今后也请各位多多关照。感谢松下先生准备的精彩内容。

松下：今天很高兴和大家见面，大家一起聊了很多，我也学到了很多，感觉自己都变年轻了。今天非常高兴，非常感谢大家！

YPO（青年总裁俱乐部）日本分会例会
1964 年 4 月 8 日
真真庵（京都）

第五章

水库式经营

·战后二十年，现在日本正处于政治和经济的重要转型期。政府也好，企业也罢，必须摒弃以前的陋习，站在全新的立场上看问题和做事情。

·确保合理的利润至关重要，一个重要的方法就是经营过程中建立"水库"。没有水库，水只会白白流走，资金也会用完，一直卖库存商品，利润却上不去。

·三段目①的力士就要在三段目的赛场比赛。贸然在幕内的赛场比赛，必然会输得落花流水。同样，企业也要慎重衡量自己的实力开展经营。

---

① 相扑比赛的级别分为幕内、十两、幕下、三段目、序二段、序之口六个级别。——译者注

令人羡慕的德国企业

各位嘉宾，早上好！昨晚听了卡尔·哈克斯教授^①关于德国现状的演讲，我获益匪浅。从这个意义上说，我想向教授表示深深的感谢，听了您的演讲，我十分羡慕德国企业。

最近，德国企业的贷款也开始增加，十年前，一些企业的自有资本和借贷资本的比例是一比一，现在则变成了一比二，与日本情况类似。但是进一步了解后，我才发现日本和德国实际情况的巨大不同。不知道我的推测和判断是否有误，德国企业在经营过程中获得了巨额收益，公司资金储备也十分雄厚，经过严密的重新评估，只是把借贷作为摊销

---

① 德国法兰克福大学教授，德国经营学界的权威人士，作为知日家、亲日家而闻名。本次研讨会第一天发表了题为《西德经济的现状和企业经营问题》的演讲。

对象来对待，德国企业的基础相当稳健。十年前，出于扩大事业的考虑，部分德国企业才开始从银行借款，所以德国企业的借贷有着扎实的基础。

这一点与日本存在很大不同。日本企业没有德国企业的扎实基础，依靠借贷发展，因为借贷而繁荣。十年间，德国企业的债务虽然有所增加，但是这种增加与日本的债务增加截然不同。作为日本的经营者，其中蕴藏着值得日本经济界思考的重要问题。

十三年前的法兰克福

十三年前，我去法兰克福[①]，准备入住法兰克福的一家酒店。经历过那个时代的日本人都知道，东京每天都会准时停电，当时的日本百废待兴，但是美国、德国等国家就没有这种情况。

想到日本的落后，我顿感失落，平时我不怎么喝酒，当时却突然想喝一杯威士忌。于是到了法兰克福的酒店之后，我点了尊尼获加的威士忌佐餐，店员很快上了酒。结束德国的行程，我来到了英国，入住后我也同样点了尊尼获加的威士忌，服务员却说没有。我很奇怪地问："为什么没有呢，尊尼获加不是英国的威士忌吗？"服务员回答："现在英国处于非常时期。在经济非常时期，我们应该尽

[①] 1952 年 10 月，与荷兰飞利浦公司签署技术资本合作而赴美。

量多赚取外汇，所以这些威士忌都出口到国外了，本国根本喝不到。"这让我十分吃惊。

战败国的德国喝着战胜国的威士忌，战胜国不舍得消费威士忌，全都出口到战败国德国换取外汇。不知道到底是谁输谁赢，两国做法截然不同。

在德国的第二天，我去参观了欧宝汽车工厂，经过重建，工厂格外气派。据说，通用汽车投资入股，为重建做出了重大贡献，配备了最先进的设备。这就是当时战败国德国的状态，简直不可思议。

结束了工作，我开始了城市探索之旅。众所周知，法兰克福到处都是砖造建筑。经历了战争，建筑破损严重。它的三楼和四楼没了屋顶，只有一楼和二楼可以住人。当时正好是晚上，我走在街上，抬头看到二楼的窗户，再往上是破烂的三楼、四楼。透过斑驳的建筑仰望月亮，我感觉德国的状态并不乐观，与昨天参观的欧宝工厂形成鲜明对比。

来到车站，列车穿梭运行，但是车站的设备，尤其是站台的屋顶几乎保持了战后原貌。据说，不是紧迫的部分暂不施工，需要修缮的部分则要保质保量完成。这些细节是德国的一个缩影，和英国相比，我预感德国的战后复兴将更快实现。听说哈克斯教授在法兰克福大学执教，所以我简单介绍了一下自己在德国的经历。

日本迎来了转型期

日本企业自有资本与借贷资本的比例是一比二，借贷经营是一种常见模式。尽管如此，我还是希望企业可以理清贷款，充实业务，有效经营，推动经济早日复兴。为了充实企业经营，找到可行的经营方向，很多企业不得不投入资金，这导致债务不断增加。这种情况与借贷经营有着本质区别。正如教授昨天演讲中介绍的，迫不得已借贷与借贷经营是不同的，符合借贷政策要求是可以借款的。这与德国有所不同。

我认为日本经济，从更广泛的意义来说，日本社会都面临着很多问题。政治、经济正在转型，企业的经营也面临转变。在这样的重要时期，是否对形势有着充分的认识并在此基础上重新出发就成为关键。日本与德国不同，发展至今，债务不断增加，但是企业依然持续经营着。这就是当下的日本复兴的方式。我也无意否定这一点。

　　时移世易，一直以来，借贷经营作为非常手段一直存续，贯穿了日本的复兴进程。我们无法否定过去，过去已然过去，这是制度的体现。但以今天为起点，日本企业是否还可以沿用过去的方式呢？我对此持疑问态度。有观点认为借贷经营模式已经到了末路，企业是靠信用维持经营还是靠借款增进企业之间的信用呢？现在是否还要继续容许这种模式存在，这种模式是否到了终结的时候？如果不允许借贷经营，日本企业必须通过转型来改变。我们必须认真分析过去的经营模式，下面我想具体谈谈我的看法。

从破产看企业经营

日本企业迎来了破产潮，这已经对大家产生直接或间接的影响。破产企业中，有的资本金达到千万日元，有时企业甚至负债接近四十亿日元。虽然不是全部，大体都是这种状态。德国没有这种先例，这种风潮不断挑战我们的认知。

当然德国也会有企业破产，但是破产的原因多是资本金减少，企业束手无策等。像日本企业这样资本金早已亏空殆尽且负债达到本金的几倍甚至几十倍的情况十分罕见。这昭示着日本经济存在异常。

我们不能对这种情况置之不理。未来日本还要提升综合国力，经济的重要性不言而喻。如果国家有着长远的发展目标，就必须冲破现在的困境。今年是一个转折点，我们应该静下心来思考，清算过去的问题，找出问题症结，需要改变就要下定决心。

前些天，经济同友会的专家号召企业谋求合理利润，并将认定为企业的义务。我认为这种号召非常符合实际，无论是为了企业还是为了国家，我都感到由衷的高兴。

想法有了，今后如何发展是个问题。每个人的想法都不一样，自主经营没有必要走统一的路线，各个公司、各位经营者可以找到适合自己的方式。这是解决问题的关键。经营者在总体方针的指引下适当调整细节，融入企业特色，才能顺利推动企业转型。

追究经营者责任的时代

今后，经营者要承担起社会经济发展和公司的责任，掌控企业经营的指挥棒。

当今是考验经营者的技巧、能力和责任心的时代，企业发展的责任在于经营者。经营者必须有高度的自觉，不断提高责任心，才能推动企业发展。经营者的责任重如泰山。

员工在工作时会犯错误，有时工作效率低下，有时成绩不够突出，但是员工的失误不会导致企业失败。平均工资三万日元的工人，因为表现突出，可以做五万日元的重要工作。同理，员工工作不认真，没有受到认可，但是具备基本的工作能力，那就给他三万日元的工资，让他去做二万五千日元的工作。这种差异化管理必不可少。

如果有人觉得他做两万五千日元的工作却拿三万日元工资，这样公司不太划算。那我们就对其进行指导，经常与其谈话提醒，让他胜任三万日元甚至三万五千日元的工作，告诫他不要让公司受损。这种做法也无可厚非，一般来说，员工不会犯下多大的错误。当然也不能一概而论。

到了课长、部长级别就不能这样管理了。从权限变化的趋势来看，放任自流只会导致重大问题。一旦失误，十五万日元工资的课长或部长可能会造成一两百万日元的损失，而且其越是努力，有时损失反倒越多。当然，发挥课长、部长的才能，赚上一两百万日元也是轻而易举的。胜败差距就是这么大。

中坚力量的职责重大。经营者必须知人善用，勤于督查，避免出现失误。企业越大，课长、部长的管理越重要，失之毫厘，谬以千里。如果上升公司决策层的话，成功与失败的差距就更大。一次决策直接决定公司的兴与亡，而非工资的差别。

有人觉得常务的工资是百万日元级别，有人觉得三百万日元就够了，有人觉得必须一千万日元才可以，到了社长级别，差距更大。在其位而谋其政，当今正是呼唤经营者责任的时代。

全球变化进行时

　　今天，我们花了不少时间共同探讨如何应对开放经济，有一点需要注意，就是我们是否已经进入开放经济时代。人们理所当然地认为日本已经处于开放经济时代，从去年年初甚至前年就开始积极讨论开放经济的应对之策，"为了开放经济"的口号都已经有些陈词滥调的意味了。

　　当今世界，全球形势风云突变，各国都在经历巨大变革，经济界也是如此。昨天哈克斯教授提到，市场区域化格局已经基本形成，原计划十二年完成的目标现在看来十年左右就能达成，成果显著。这是我们不能忽视的重大国际经济趋势。

　　其实日本也是如此。开放经济时代，我们扪心自问，现在日本政治的状态真的可以吗？日本经济界也面临着依靠外力经营、企业信用不断膨胀的问题，这些问题可以放任自流吗？

无论是政治还是经济，全球都迎来了转折的岔路口，开放经济的时代即将来临，全球都在朝着这一方向踏步前进。从现在开始，政府也好，企业也罢，必须摒弃以前的陋习，站在全新的立场上看问题、做事情。日本的经济实力能否跻身世界强国之列，关键就在于我们是否有这样的觉悟和责任感。

三十年不涨价的干电池

结束欧洲旅行，在归国途中我顺便去了美国，有一件事给我留下了深刻印象。

美国有一家名为"美国联合碳化物（Union Carbide）"的公司，专门生产干电池。我询问他们干电池主要销往什么地方，他们回答主要在百货商店，售价十五美分。接着我又问："十五美分的价格是什么时候开始的呢？"他们答道："从三十年前开始价格就是十五美分了。"

三十年间共发生了两次战争，分别是第一次世界大战和第二次世界大战。经历了战火的洗礼，十五美分的价格却没有任何变化，这让我很吃惊。我猜测这家公司肯定实力雄厚，因为经历了两次战争，原料运输和消费习惯都发生了翻天覆地的变化。在这样动荡的情况下，产品的价格还能维持三十年前的水平，这至少在日本是不可能的。

抛开战争不谈，日本的商品价格也时时刻刻都在涨落，这就是现在日本经济状态的体现。历经两次战争却没有涨价，物价始终保持在原有水平，企业依靠产品不断发展。这不仅体现了美国的强大，更反映出美国公司的强大。

　　现在日本正为物价上涨而烦恼。降低物价，这是日本国民的愿望，也是日本政府的愿望，然而物价一直在上涨。和美国相比，为什么会如此不同呢？

　　当然重要的一点是日本的经济基础浅薄，而美国和其他国家经济基础雄厚，但是只要基础雄厚，就一定可以保持价格水平吗？我并不这样认为，关键在于对事物的想法。

　　此外，经济的运营方式、政治体制的运行也存在差异。很多事情美国能做，日本就不能做，这个问题也值得我们深入探讨。

　　基于以上观点，我得出一个结论，那就是企业经营、经济运营的常态化时代即将来临。政府必须充分理解这一点，改正存在的问题，判断各项经济决策正确与否，有无反映民意，是否存在问题。对于企业来说，我们更需要提升自己的觉悟，实现稳定经营。

提倡水库式经营

经营者需要提升什么觉悟呢？我将这种理念和做法命名为"水库式经营"。水一直在流动，任其自由流淌，就白白浪费了这一资源，这很可惜，甚至会带来危害。为此，各地广建水库，调控水资源。老天爷赐予我们的水资源哪怕一滴也不能浪费，水库可以有效提高水资源的利用效率。

其实，经营不也需要这样的水库吗？刚才我提到，即使历经两次战争，美国的企业仍然可以保持产品价格不变，保持其销量，原因就在于这家公司的"水库式经营"。

反观日本，很多企业根本没有修建水库，盲目增加设备，天真地以为产品全都能卖出去。结果事与愿违，百分之二十的设备只能白白停工，这就是缺乏水库意识的结果。企业被销量、赚钱的欲望驱使，缺乏水库意识酿成了悲剧。

我认为水库式经营的做法是在一开始就配备超过计划总量一成的设备。这种余量其实也是企业对社会的责任。在水库式经营意识的驱动下，企业先评估市场需求，为了防止出现特殊情况，在原有基础上多采购一成的设备。这种居安思危的意识就是水库式经营。

即使市场出现变动，或者需求暴涨，企业也不会担心商品短缺或者价格上涨，只要启动事先准备好的设备就完全可以应对，就像水库调节水流一样。"设备水库"大幅增强了设备的产出能力。

企业何时可以赢利呢？一般来说，产能达到百分之九十的时候企业就可以赢利。日本企业往往会过高估计市场需求，盲目增加设备。设备到位了就没有不用的道理，否则成本也合不来，最终产品供过于求。这不是水库经营，极端地说，企业的这种做法是不负责任的。

供过于求，产品卖不出去就降价，继而陷入过度竞争的恶性循环。为了赢得竞争，企业就要继续扩大产能，需求更多的时候，产品的价格就只能越来越高。

不仅仅是设备，在发展过程中企业还需要有资金水库，保证水库的资金数量，根据需要量入为出。资金充裕时注意留出余裕。缺乏资金水库意识，企业很难实现稳定经营。

今天的场合十分难得，如果我的话说重了，请各位原谅，因为这些话也有我鞭策自己的意思。老实说，松下集团确实建立了自己的资金水库。如果水库没钱了，而且还没有"下雨"的迹象，我就会和银行交涉。如果银行也面露难色，很难协助的话，也许我会"以泪洗面"，请求各位同人帮忙。

资金的调配一般都不容易。为了获得资金，企业可能不得不降价销售产品，从而导致过度竞争。所以企业必须设置资金水库，这是水库式经营的重要环节，也是企业必须注意的重要问题。

点滴积累

　　我突然想起一个新话题，这是我的亲身经历。战争时期，银行借贷并不像今天这样容易，需要有抵押物，银行还要进行充分的调查，确保安全之后才能放款。这确实很有必要。

　　当时还会发生挤兑风潮，尤其经营散漫的银行更容易出现兑换风波。银行经营步履维艰，一旦出现了贷款失误，传出去之后，客户就会纷纷前来兑换。对于战前经营的艰辛，我深有体会。

　　当时的银行从来没有现在这种过度借贷的情况，有一亿日元的存款只能借八千万日元，剩下的两千万日元作为准备金存到银行，而且这种存款是无息存款，银行为自己的经营预留了余裕。

　　当时银行的经营十分稳健。在那样的时代，我又做了什么呢？贷款时，我会选择多借一些钱，多贷就意味着多存。听说现在银行推出借贷优惠政策，贷款利率可能还会打折。当时我有意多贷一些钱，虽然存在风险，但是可以多预留出一些基金，当然不是为了两面收利息，是为了企业稳定的下策。

战前，银行不会对这种做法指手画脚，毕竟是贷款，只要合理都没问题，现在的银行资金充裕，但是碍于政策规定，一般不会答应企业超量的借贷要求。尽管银行不是很情愿，还是同意了我的借款请求。"我想这样扩展业务，请贷给我三百万日元。""如果是扩展业务，就借给你三百万日元吧。""谢谢，这些贷款帮忙存在公司账户。"这样企业在银行就有了充裕的存款。现在我也会坚持这种积累方式，而且这并不是银行的要求，完全是我个人的自发性行为。

这么做，是为了保证有充足的资金，发生意外时即使银行不给贷款，企业也不会筹不到钱。当然这样做需要支付多余的利息，对企业来说是一种损失。它就像一种企业保险，我这么做的初衷也是为企业加上保障。

有了这种保障，在战前，松下集团几乎没有遇到过资金问题。当然，银行方面"被迫"获得了双重收益。这完全是我自愿的，并不是遇到了什么经营困难。这种做法可以理解为企业在银行储蓄，很早之前我就开始坚持为公司存钱。

一旦出现意外，公司马上就可以使用这笔"存款"。如果向银行提出贷款的申请，"发生了这样的事情，请借给我钱吧"，银行可能同意放款，但是一旦回复"这不太行，我虽然了解情况，但是确实办不了贷款"，企业岂不就麻烦了。通过这种做法，我完全不用担心资金问题，一面借着钱，一面为公司做好了资金积累，保证企业资金充裕。

至于贷款的利息就当作企业的保险费吧。现在来看，这种做法就是建立了资金水库，企业可以根据需要随时支取，银行了解这一点，对松下的经营情况十分放心。这就是资金水库的意义。

忙却不赚钱的原因

设备、资金、库存都需要建立水库。最近库存的水库已经很少了，因为库存过多就必须想办法降价销售，这就会导致"价格战"。其实如果设置"库存水库"的话，企业完全没有必要"出血大甩卖"，等待时机卖出去就可以了。经营者对待资金、设备、库存水库的看法不同，其经营方式都会有所变化。

现在大部分企业有了钱就得全部花出去，增加了设备就得全部用上，完全没有预留余裕。结果，商品价格不断变动，企业之间过度竞争，利润空间很低，企业很忙却赚不到钱。

合理盈利也是今天研究会的主题之一，提出这一问题也是为了呼应主题。对于企业来说，水库式经营是不可缺少的经营意识。

当然水库式经营做起来很难，但是为了企业、社会、国家的发展，为了保证企业合理盈利，我们必须这么做。水库式经营就是实现上述目标的重要方法。没有水库，水就会不停留，企业没有水库，资金使用无度，库存不停甩卖，利润自然上不去。

通过水库稳定价格，建立"设备水库"以便在紧急情况下保证产品供应。我不是很了解钢铁行业，但是据我所知，美国钢铁行业就采用了这种做法，也不知道他们是不是意识到了水库式经营、"设备水库"的重要性而有意为之。设备启动八成，保证足够的利润空间，美国企业通过这种方式取得了成功。

日本面临资金枯竭的难题，经营者必须从根本上考虑这一点，逐渐培养自己的水库意识，这也是我提出水库式经营的目的所在。这就是我所谓的水库式经营的想法之一。

与实力相匹配的"合理经营"

面临重大转折，我认为企业有必要重新思考合理经营的重要性。"合理经营"这个词意义其实很含糊，之所以使用它，是因为我觉得必须正确评估企业的实力，采取与实力相匹配的经营方式。这就是合理经营。经营超过合理范畴，企业自然会逐渐衰退。

经营者要正确评估企业的实力，在合理的范围内开展合理经营。在合理的基础上可以适当延长或增加维度，但是我很少这么做，拓展的前提是确保具备相应的实力。

我粗略调查了一下最近破产的企业，大部分是明明不具备相应的实力，却盲目拓展业务的。破产的原因很简单，三段目的力士就要在三段目的赛场比赛，冒冒失失闯进幕内赛场，必然会输得落花流水。企业要慎重衡量自己的实力开展经营。

虽然企业具备了综合实力，但是要做的事远超其水平，结果必然会失败。作为经营者，我们一定要具备量力而行的经营理念，采取与综合实力相符的经营方式，这样无论规模大小，我们都无须担心。如果经营者再具备"水库式经营"的思想，我相信公司的发展一定不会有问题，破产公司的例子证明了我的想法。今后，日本政府也好，企业、经营团体也好，必须寻找合理经营的发展道路。

经营无序，利润降低

现在日本企业的发展是否遵循了合理经营的规律呢？不能说没有，但是大部分都没有这样做，所以企业很难保障利润。除了个别例子，总体来说日本企业的利润呈现下降趋势，这是经营无序的结果。

经营者必须在明确判定公司的综合经营能力的基础上开展合理经营，使企业保持与实力相符的规模和形态。企业经营能力的代表是谁？是公司的经营者。换句话说，经营者的综合实力就是企业合理经营的标准。

看到别的公司赚钱就眼红，自己马上决定也要做。火速上马新业务，就像蚂蚁闻到了蜜糖一样一拥而上，这是人之常情，世界各国都存在这种倾向，只不过敏感程度会有差别。很多日本经营者擅长跟风，一旦有人生意做得好，马上就会涌上来试图击垮对方。

日本的贸易曾有一段时间就处于这种状态，现在我们学会了考虑和反省，明白这种做法只会两败俱伤。经营者要培养良知，不要去做百害而无一利的事情，政府也是如此。现在这一问题已经有所好转，我不太喜欢日本人的这种做事风格，希望大家可以努力改掉这种毛病。

同样的业务，我做他也做，有的人胜任这项业务就会成功。有的人盲目去冲，无法胜任就影响本职工作，本是为扩展业务，却加速了企业衰败的进程。综上所述，合理经营才是解决这一问题的关键。

坚持专业经营，迈向世界舞台

日本有一种综合经营或者多元经营的模式，这种模式往往被解释为正向的行为。如果有证券公司的业务员来推销股票，我们可能会问对方："请问这家公司好吗？"对方回答："很好，这家公司开展了多样化经营，一个方向不赚钱另一个方向也会赚钱，公司不会有问题的，您放心。"听了这样的回答，很多人可能觉得"这样啊，那就买吧"，结果公司股票大跌，白白花了冤枉钱。

大众资本虽好，但是只有吃了亏，才能了解股票的可怕之处，对经营者来说也是如此。多种经营、综合经营并不是百害而无一利，对国家和经济的发展也发挥了一定作用。做是要做，但不是多样化经营，而应该采取专业化经营的模式。

日本国家和企业都根基尚浅。当我走向国际舞台，把全世界当作业务对象时，我感受到了资本的局限。日本缺少资本，如果想在全球开展业务，就必须把三项工作合并成一项，用一种产品攻略全球市场。虽然这种做法并不一定全部成功，但是成功的例子数不胜数。

明明资本有限，还要开展多元化经营，就是"明知山有虎，偏向虎山行"了。与外国企业竞争是不可避免的，在保持友好关系的基础上开展竞争，才是符合世界通用规则的做法，也是必要做法。

参与国际竞争就需要占领市场。资本有限，企业不可能将产品无限地投向市场，要学会适当收缩规模，要在全球范围内销售一种产品，最终实现企业的全球化。这也是很多企业的做法。

我不知道德国的情况如何，我猜想很多德国企业会和我做同样的选择。德国企业的资本金额大多是一比二，但是这种一比二本质上和日本的情况并不相同。这种差异是如何产生的呢？这与经营方式息息相关。

相比业务内容，综合化、多元化的发展对企业经营能力提出了很高的要求，企业要投入很多，但通过合理经营的方式，将精力集中于一件商品，精益求精，细心打磨，反倒会取得成功。对于当代企业来说，这种想法至关重要。不知道我的说法大家是否认可。以上就是我对"合理经营"的看法，欢迎大家批评指正。

劳资团结协作，促进企业繁荣

三天的研讨会，我聆听了很多专业人士的观点，作为门外汉，我还是不要说太多专业问题才好。我想谈谈对劳资问题的看法。昨天听了教授的演讲，我有一个结论，当然也许这并不是德国的全部，仅限于部分行业或者大公司，但正是因为德国的工会或者第三方势力参与管理，对经营有决策权，所以德国企业发展十分顺利。这一点对我们很有参考价值。

如果可以的话，我希望日本的工会也可以参与管理。这种想法可能无法马上实行，但是很值得参考。我个人认为日本现在的劳资关系正在渐渐变好，双方也在逐渐成长，虽然还是处于起步阶段，但是进步很大。

面对比开放经济更具重大意义的转折期，无论是工会、经营者还是政府，希望大家都可以多多关注劳资问题。这也是广大国民的共同夙愿。我们不能假装听不到民众的声音，试图蒙混过关。这不符合民众的期待。希望三方从各自的立场出发，认真思考，谋求发展，团结协作，妥善处理劳资关系，使企业能长久发展。

社会发展与物价上涨

　　遏制物价上涨，保证价格稳定，这是全体国民的愿望，但事与愿违，日本的物价不降反升，甚至有可能发展成政治问题。我对此进行了仔细思考，得出的结论是：原则上，物价应该下降而不是上升。

　　用通俗的方法来解释，用卡车代替板车运输，运费会上涨吗？不会，不然谁也不会购买卡车了。正是因为卡车运费低于板车，所以才购买卡车来运输的。这个道理应当是通用的，为什么物价会不降反升呢？这不是很奇怪吗？

　　理想状态下，物价确实会降低。随着民众思想的进步，文化水平的提高，物价会随之下降，现在的上涨状态着实奇怪。物价上涨到底是怎么发生的呢？极端地说，该做之事未做，才结出了这样的恶果，政府对此负有很大责任，经营者也有责任，但责任主要在于政府。

原本以为买了卡车运费就会降低，结果事与愿违。为什么会这样呢？因为没有路，卡车无法顺利运输，运费自然不会下降。卡车无法发挥卡车的价值，明明具备了各种条件，然而政府的不作为，使得结果出现偏差，物价不断上涨。

政府把物价上涨当作问题来讨论，进一步降低了解决问题的效率。议会持续讨论了十天，而且无果而终。国会莫名其妙地对物价上涨进行了讨论，还在电视上播出了讨论的场景。与之相比，我更希望电视播出一些有意义的内容，而不是议会上百无聊赖的讨论镜头。

政府可以站在不同的立场探讨问题，但不要为了讨论而讨论，现在是日本转型的重要时刻，能否成功在此一举。刚刚说到，原则上不会上涨的物价现在持续上涨，主要原因就是日本无力的政治没有理清楚逻辑线索。国民清楚个中原委却不得不认可这种做法，实在无奈。

一直以来，经营者，特别是大阪的经营者向来标榜不参与政治，大家恪守经营者的本分，遵循这一传统。时至今日，这种想法已经走进了死胡同，经营者必须向政府强烈地表达诉求，才能为国家繁荣、经济发展、国民福祉做出积极贡献。这就是当代经营者的风貌。

必须妥善解决国民对政治的各种诉求。我认为，没有必要推翻大阪等关西经济人士的传统，但是经营者一定要对政治有诉求，保持协同，努力谋求国家繁荣，实现企业盈利。这才是企业良好的发展方向。

消费者和生产者截然相反

我想和各位分享自己的一点想法，虽然它多少会引起一些争议，但我还是决定大胆讲出来。现在经营者存在把消费者和生产者区别对待的倾向。两者的本质并没有区别，没有一个消费者不是生产者，同样，没有一个生产者不是消费者。生产者即消费者，这是根本原则。

对于如何为消费者或生产者服务时，经营者的想法就千差万别了。企业无论是采用直接生产还是间接生产，消费者与生产者相连，生产者与消费者相连，这一事实永远不会改变。忽略了这一点，片面讨论如何满足消费者或生产者的需求，这种纸上谈兵的做法毫无意义。

经营者需要明白一点，世界上没有单独的消费者，也没有单独的生产者，两种身份相辅相成。直接也好，间接也罢，事实就是如此，达成共识后，我们再讨论消费和生产才有意义。两者的价值各有不同，一开始就忽略这一点，还对生产、生产者、消费、消费者发表"高谈阔论"，我希望这样的人重新审视自己的发言，搞清楚原理再说话。

电子计算机与被精减的报告

去年，松下集团的营业部部长因病缺勤，虽然我有三年半的时间没有从事任何实际工作，但是因为一时找不到合适人选，所以我暂时接管相关工作。今年，部长身体康复归来，我继续回归会长的岗位。从去年八月份开始的半年时间，我一直负责营业部部长的工作，对公司的情况有了更加深入的了解。之所以介绍这个背景，是因为有的人可能会说我不了解公司的情况，松下是传统作坊，会长也是不学无术。这种误解影响股价就不好了。

最近，我开始学习使用计算机。计算机虽然贵，但是投入和产出成正比，它还是很有用的。我利用营业部部长办公室的计算机每天都可以浏览最新的全国销售数据，快捷又方便。我好奇地问部下："一台计算机的使用费用是多少？"他回答："要三百六十万日元。"也就是说，使用计算机需要向公司的计算机中心支付三百六十万日元，虽说是同一家公司，但我还是觉得没有必要，于是嘱咐手下："明天开始不需要使用计算机了。"

　　使用计算机统计销售数据，这种做法很好。对于大力推广使用计算机的公司来说，它可以发挥重要作用，但是对我来说计算机并不是必要的，每五天做一次销售统计就足够了。部下听了我的决定赶忙劝阻："好不容易上马的系统呀。""不，没有必要的事情，我们就不做。这笔支出和顾客息息相关，直接影响顾客的购买价格。公司不允许存在没有必要的事物。我可以忍受财富缩水，但是影响顾客钱袋子的事，还是算了吧。"最终，我舍弃了办公室的计算机。

　　各位会阅读分店的报告书吧。每个分店需要提交日报告、周报告和月度报告，算起来共有一百五十份。这一制度也被我废除了。"为什么要写这么多报告呢？营业部的各位难道不清楚大体情况吗？写报告的人也很辛苦，然而各位都忙得没有时间看报告。没有报告制度，公司不会受影响。就算一年后公司倒闭了也没关系，废除报告制度吧。"最终，我将上交的报告数量减少到了十三份。

如果因为告知公司的真实情况而影响了企业信用，那我就难辞其咎了。这是我的责任。说实话，日本的政治、经济中还存在很多不负责任的情况。

减少不当浪费，提高生产效率

　　文化不断进步，科技快速发展，尽管如此，日本的生产力可能只是美国的五分之一，原因在于我们一直在仿效美国的经营模式。看到美国用计算机，我们也用，结果人均生产率只是美国的五分之一。

　　日本有六千万劳动者，而美国的劳动者数量约为一亿一千万，也就是说，美国有一亿一千万人在工作。美国政府的年均税收是三十六万亿日元，日本只有三万六千亿日元，是美国的十分之一，这是众所周知的事实。提到美国时，可以谈论美国的优点或者缺点，这都没有关系，美国也可能会因为获得关注而高兴，与国家无关，重要的是对比不同的结果。

　　同样是提升生产率，为了达到美国的水平，日本至少需要十八亿日元预算，但是这样的预算从哪里找呢？要知道松下集团的税率可是百分之七十。税率高，然而日本的预算只有美国的十分之一，这是日本综合实力没有提升的证明。问题的根源，松下电器应该在内部找，各位也应该在自己的公司里找找。

闲言碎语，说了很多，差不多到结束的时间了，我的演讲到此结束，谢谢大家！

（听了松下先生的演讲，哈克斯教授再次发表了评论，对前一天演讲进行了补充说明，并进行了答疑，下面是后期根据叙述整理的内容）

坚持不懈，全速发展

　　请允许我稍微占用两三分钟的时间，简单说几句结束语。感谢大家的提问，卡尔·哈克斯老师为我们介绍了更多内容，我对德国的金融、行业、劳动等问题有了更深刻的认识，想必各位也一定获益匪浅。德国发展迅速，积累了相当强悍的实力，非常值得我们学习。德国的发展始终在其力所能及的范围内，其取得的成绩十分惊人，出口量是日本的三倍，而且十分轻松就实现了这一目标。工作虽多却都力所能及，这种状态十分难得。

　　日本的情况并非如此。日本的企业高度紧张，十分忙碌，资金也不够，效率也低，利润还少。不知道德国怎样看待日本，两国的发展、力量对比存在巨大差异，这种差距我们是否可以坦然接受呢？如果日本充分估量自己的综合实力、金融实力，在力所能及的范围内开展国家经营、产业经营、企业经营的话，也许会改善资金问题。日本现在没有钱，很多方面处于落后状态，但我们要自立自强，再难也要尝试。现在的日本好比一架普通飞机，德国则是喷气式飞机，为了战胜德国飞机，我们必须提升动力，当然，我们也有可能始终无法超越德国。

原因在于德国合理经营的模式吧。德国在不断地向日本借钱，但金额并没有超出他们的偿还能力。因为额度合理，日本可以从容地借钱给德国，无须担心还款问题。问题的关键在于日本能否明确承认力量的差异，并在今后的经营中改变做法。

这么做短期内也没有胜算，但只要坚持，就像乌龟赢了兔子一样，终有一天会成功，我们不要太慌张，要量力而行。保持经济发展速度，坚持不懈，努力去做，终会取得成功。

听了德国的实际情况，我深有感触，愈发感受到合理经营才是解决日本问题的关键。每家企业的经营者不同，更应当选择适合的经营模式。

谢谢大家!

生产性关西地方总部·关西经济同友会·

第三届关西财界研讨会

1965 年 2 月 11 日

国际酒店（冈山）